Excellent Customer Service

驚くほど顧客を獲得できる

すごい接客

宮田佳子
（株式会社Precious 代表取締役）

売れない販売スタッフが生まれ変わる
プレシャスメソッド

はじめに

私の講師業ストーリー

本書を手にとっていただきありがとうございます。まずは私の自己紹介と経歴を紹介させていただきます。社会人として、最初にドメスティックコスメブランドに入社し、子供の頃から憧れの化粧品ビューティーアドバイザーとなりました。当時の化粧品業界は、外資ブランドが販売されている百貨店は全国でも限られた店舗にしかまだ配置されていませんでした。

日本のドメスティックブランドは礼儀、立ち居振る舞い、上下関係が非常に厳しく、新人研修センターから逃げ出す人もいたほどでした。そんな中、私が入社したブランドも同様に厳しく、研修センターでの生活や研修時の風景は今でも忘れられない一コマです。

研修の初日、当時の教育部長が私たちの前で挨拶をしてくださいました。ベリーショートのヘアスタイル、小柄でシャネルスーツをビシッとかっこ良く纏い浅黒いナチュラルメイクといういでたちは、その当時私が見たこともないような世界の人。「私はこの研修をもって引退（定年）します。これが最後の新人研修となります」と挨拶を受け、始まりの私と反対の最後の研修という言葉に何とも言い表せない衝撃を受けたことを深く覚えています。当時、若かった私は化粧品会社でも部長という地位につくのは男性だと思っていただけに、驚きと同時に、女性でも頑張ればこんな素敵なゴールがあるのだと知り、その瞬間に私の目標はその時の部長となりました。

化粧品業界の研修メソッドとは

化粧品業界経験者ならば皆さんが経験する厳しい研修で、私たちは細胞レベルの肌の基礎知識、季節の肌変化、肌と身体の健康を目指す食事、化粧品の成分、デモンストレーション、メイクアップ技術、コミュニケーション、接客技術を習得します。これらすべてを1回の接客でお客様にご納得いただけるカウンセリングができ、かつ販売しなければ店頭デビューできないのです。

化粧品販売の難しいところは、ビジュアルだけでお客様に選んでいただくことができないことです。化粧水やクリームなどの商品はボトルやジャーなどの見た目だけで、どれが自分にマッチするのかをお客様は判断することができません。多少の好みはあるとしても、ご自分の大切な肌に使うものは見た目重視で選ぶことはできないからです。そこでビューティーアドバイザーはお肌の悩み、ご希望などをうかがってから商品を何点かご提案します。お客様がご納得いくようにご提案にも肌の断面図などのツールを使い、わかりやすく説明し、何気ない会話からその方のライフスタイルをうかがいセールスポイントを見つけ出し、お試しいただきクロージングします。

プレシャスメソッドが出来上がるまで

それから私は15年ほどの販売の実績を積み、当初の新人研修の時の目標であった教育部長職（営業統括トレーナー）を経験した後、化粧品業界から離れ、再び研修会社に入り、そこで仕事を始めました。

当時のメンバーは社長以下全員が化粧品業界出身者でしたが、クライアント先は有名ブランド、アパレル、バッグ、シューズ、スポーツクラブ、宝飾など多岐にわたり接客販売の研修を受け持ち、素晴らしい成果を上げていたことに驚きました。

私は当初、化粧品会社の研修経験はありますが別の商品の研修ができるのだろうかと自信を持つことができませんでした。ある日先輩から、「他の商品（化粧品以外）の研修ができないと思っているでしょう？　見たらわかるわ、大丈夫！　私たちが毎日やってきたことだから」とニッコリ。

そして、先輩講師の研修をオブザーブしてすべてがクリアになったのです。それは私たちが化粧品業界において接客販売してきた商品や関連する事柄をクライアント様の販売する商品に落とし込んでいくという方法でした。

モノの形が見えない商品として考え、憶測や印象で判断せず、コミュニケーションを取ってお客様に最適な商品を2、3のパターンでご提案する。

例えば化粧品のボトルが同じものが並んでいても、それがお客様のライフスタイルやお望みにマッチするか、お話をうかがえば頭の中に自社の商品が何点か浮かび上がり光り輝いてきます。売るモノが化粧品ではなく、例えば車や家でも同じと言えるでしょう。

今、様々な企業様で研修を行っている私が開発したプレシャスメソッドの基本は、私が経験してきた化粧品販売の厳しい研修内容がベースになっています。

多くの企業様はモノの販売に関する研修を行っていらっしゃいます。しかし、商品の特長を伝えることは本当にお客様のためになっているでしょうか。お客様への提案はこちら側の都合になっていないだろうかということを考えなければなりません。

そこから様々な企業様の集合研修、店頭でのＯＪＴに取り組んでいく中で、現在のお客様が求めている接客と企業様の求めている理想とを組み合わせ、実際に成果が上がっていくうちにプレシャスメソッドという形が完成しました。

本書ではこの独自のメソッドについて解説していきます。

接客販売のトレーニングご担当者様にぜひ読んでいただきたい

モノが売れない時代と言われていますが、この最悪の状況から勝ち残っていくために、私はこの本を化粧品業界も含め、様々な業種の接客販売のトレーニングご担当の皆様にぜひ読んでいただきたいのです。本文中ではトレーニング指導に参考になるような具体的な方法や、私が指導、アドバイスしている事例も豊富に掲載しています。

私のメソッドの特長は、乱暴な言い方ですが、一言で言うと既存の接客を「逆行させる」方法です。簡単なようですが実際に実行してみると「あれ？　私できてないかも……」という店長のコメントも多く、トレーニングを重ねなければスムーズにできない、販売のプロもこれまでの接客の慣れを変える内容です。むしろ新人研修からこのプレシャスメソッドを取り入れていただき、この接客が当たり前に実践できるようになればお客様とのコミュニケーションがスムーズになり、新人スタッフであっても驚くほど顧客獲得に繋がります。

また、一度このメソッドが身につけば、カジュアルな金額でも高額商品であっても関係なくお客様との関係性が深くなり、販売するスタッフの自信と成果に繋がります。まずは教育指導のご担当者様に本書の内容をインストールしていただき、ＯＪＴや集合研修で実践して欲しいと思います。

「感覚」ではなく「方程式」のあるＯＪＴ、ロールプレイングを！

プレシャスメソッドを取り入れると、ロールプレイングが実践に確実に繋がることが実感できるようになります。よく「ロールプレイングは実際のお客様と違うから」や「いろいろなお客様がいらっしゃるから当てはまらない」とロールプレイングに否定的なお声を耳にします。新人時代は私も緊張しましたし、先輩から見られるからとても苦手でした。しかし、このメソッドは感覚ではなく答えのある接客方法です。人による接客の差を埋めていきたいと考える店舗が多い中、実践する時間はとても成果を生みます。実際に私がＯＪＴの指導に入っている店舗の店長は、「これまで『忙しい』という理由からロールプレイングを避けてきたけれど、このメソッドを実践してから気がつくとスタッフが時間を見つけてロールプレイングしているんですよ！　楽しいんですって！」と嬉しそうにおっしゃっていました。自主的に練習するという、何よりも成果の上がるトレーニング方法をスタッフが実践してくれる。なんと誇らしいことでしょう。

本書を参考にしていただき、楽しく実践的なトレーニングで接客を成果に結びつけ、一人でも多くのスタッフが接客を楽しめますように。

２０２０年９月

株式会社Ｐｒｅｃｉｏｕｓ　代表取締役　宮田佳子

目次

第2章 心が折れない、返答がもらえるアプローチをする

第3章 お客様のライフスタイルストーリーに溶け込んで

第4章 セット率アップはお試しいただくまでの接客で9割決まる！

第5章 躊躇せずにクロージングできるようになるために

第6章 お見送りは記憶に残すチャンス!

第7章 セール時の心得

第8章 リピートに繋がるアフターフォローの極意

第9章 商品は違っても売り方は不変

第1章

時代に沿った接客。それはライフスタイルストーリー

1

私たち日本人のＤＮＡには素晴らしいおもてなしの精神が刻まれている！

現在の物販業界で活躍する中心世代の移行により、世代間のギャップから部下育成に悩み、またスタッフからも販売スキル、上司の接客方法にジェネレーションギャップを感じ、「私にはできない接客方法を押し付けられたくない」、そんな声があがっています。また、先輩の背中を見て教えられることなく独自の接客方法を身につけた世代と今の若い世代とでは、マインドや教育背景などの差が大きく、接客販売の教育現場からはお悩みの声も多く聞かれます。「売れない」、そんな苦悩の時代の中、世界では私たちの悩みとは裏腹に数年前から日本人の接客、おもてなしのスキルは世界一だと言われるようになりました。

近年、急速に海外から旅行客などが増え、私たちがあまり意識してこなかった日本人の接客スキルに「素晴らしい！」と感動して自国に帰国し、リピーターそして友人や家族を連れて日本のファンになる外国人も多いようです。

今では、私たちのような接客販売のコンサルタントも多く存在しますが、以前から接客のコンサルタントが日本に存在していたかというとそうではありません。

真面目で優しくて勤勉な日本人の姿勢は誰もが知るところではありますが、その姿勢だけでは接客スキル、おもてなしマインドはビジネスでは身につきません。

百貨店の始まりである江戸時代の呉服店。テレビの時代劇などで呉服屋の店先で会話をして反物をお客様に何点かお見せしているシーンがあるように、会話をしてお客様の最近の出来事や購入の目的などをうかがってニーズにマッチした商品をご提案する、まさしくそれこそがコンサルティングセールスです。

その時代から、商売の原点はお客様のライフスタイルとニーズに合わせた販売方法でした。マーケティングの世界での権威であるピーター・ドラッカーによると、「今や欧米が先進国である『マーケティング』の起源は、三越の前身、江戸の『三井越後

指導研修中の著者

屋呉服店』（越後屋）などの呉服商にあった」とも言っているそうです。また、大丸の創業者である下村彦右衛門は、大丸のポリシーを「先義後利」とし、お客様の求めていること（ニーズ）を調べて商いをすれば、おのずと利益を得ることができる、というポリシーを徹底しました。それがお客様に受け入れられて繁盛し、現在に至ります。これこそがまさにお客様のライフスタイルに合わせたコンサルティングセールスそのものです！

　マーケティングの歴史の起源はこの日本にあったことを考えると、私たちのD

NAに染み付いた「おもてなし」の心から始まるのではないかと思います。時の流れを読み取り、お客様のニーズに応えるために、お客様のライフスタイルストーリーを考えることこそが現在のコンサルティングセールスと言えるのです。

ライフスタイルストーリーについて説明しますと、コンサルティングセールスは、モノを中心に考えてお客様に当てはめるのではなく、お客様の生活や価値観（ライフスタイル）に商品をマッチさせる販売方法です。お客様の個性、思考、趣味、お客様の理想とするコトガラなどをできるだけ知り、お客様の「これから」の希望を聞き、お客様と一緒に商品を選び、お客様のこれからのストーリーをサポートしていくこと。お客様のストーリーに参加したいという気持ちが大切です。

私たち日本人が当たり前にできている「おもてなし」を時代背景に合わせて、自分らしく表現できる接客販売のストーリー、本書で詳述していくプレシャスメソッドで「私だからここまでできる接客」を確立してください。

この本でご紹介しているプレシャスメソッドは基本の接客スタイルにプラスして、

スタッフの個性やお客様への想いが伝わる接客スタイルとなっています。

①アプローチ、ファーストとセカンド
②アプローチの質、マインドとプロダクト
③ヒアリング、コトニーズとモノニーズ
④ご提案
⑤クロージング
⑥お見送り
⑦アフターフォロー

以上のステップで成り立っていて、この中に必ずお客様のライフスタイルに触れてお客様とトークしていきます。このトークができるようになるメソッドです。

2 時代は変わり思考も変わった！　では接客はどうでしょうか？

「モノ」消費から「コト」消費へ変化したと言われ始めて数年、現在の私たちの接客は本当に時代に沿って変化しているでしょうか？　実際に様々な企業様の研修トレーニングに携わらせていただいていると、まだまだ「モノ」すなわち商品の説明トレーニングが中心となっていることに驚かされます。

新商品のコンセプトやイメージ、機能などはもちろんとても大切です。そのコンセプトや商品パンフレットをお客様がご覧になりご来店されることも多いでしょう。しかしそれは、あくまで顧客様（常連客）のお話。私たちが欲しい新規のお客様は時代や環境の変化により、獲得することが難しくなりました。モノが多く売れていたバブル期を経験されたお客様でも、時の流れに沿って考え方も変わっています。日本の多くの人がマイホーム、マイカー、海外旅行に憧れ、流行に敏感で皆が持っているものが欲しいと感じていた時代のモノ重視で売れた接客方法は今や通用しなくなってきています。まだそこに気づけていない企業様が残念ながらほとんどです。

お客様の消費の軸が他人軸（人からの目線重視）であった時代は終わり、現在のお客様の傾向は、自分の好きなコトを楽しむ時間や趣味、自分の健康を維持したい、美しくありたい、私らしさを大切にする自分軸（私目線）に変わったと言われています。

実際にお客様の発するフレーズで「人とかぶらない」「私らしさ」というものが増えてきました。どんなに流行している品であっても自分らしさにマッチしなければその方にはヒットしません。たまたまお仕事帰りに来店された今日ご着用のファッションとは別の世界観を持ったライフスタイルで普段は過ごしていらっしゃるかもしれません。

お客様の外見以外のコトガラに触れる接客ができること、それがこれからの接客です。時代は変わっています。まだ、時代遅れの接客に執着していませんか？

渋谷１０９の全盛期時代に、渋谷１０９に入っているアパレルブランド様の研修をさせていただいた時のことです。研修の打ち合わせで、最近のお客様からのクレーム内容をうかがいました。研修先は若いブランド様なので、私はクレームの内容は商品の不具合や入れ間違いなどのミスかと思っていたのですが、実際は違っていました。

クレームを申し出られたお客様はその店の常連のお客様で、いつもは休日にそのブランドの商品を身につけ、渋谷に行った時にはそのお店のスタッフとおしゃべりしたり、お買い物を楽しんでいらっしゃったそうです。ある日、仕事が早く終わり、スーツ姿でいつものようにお店に立ち寄ってみると、残念なことに誰からも声をかけられず、いつもと違う接客対応であり、購入するお客様とお店側から見られなかったと感じられたようで、「もう二度と行かない」というお怒りのメールがあったということでした。

いつもの、そのお店の華やかでカジュアルな若い女の子の服ではないスーツ着用でのご来店。すなわち店舗の顧客層ではないお客様と、お店側から判断されたと感じられたのでしょう。とても残念な話だと担当の方もおっしゃっていました。

このことは異業種でも言えることで、話しかける前にこちら側で勝手に、しかもネガティブに判断してしまうことは販売のチャンスを逃してしまうことになるのです。お客様のライフスタイルを知ることで今日のスタイルが日常のものであるかどうかを知ることがとても重要です。

3

接客は顧客満足から顧客感動の時代へ

１９９０年代よりカスタマーサティスファクション（ＣＳ）、お客様第一主義旋風がアメリカからやってきて、一気に私たち販売の世界もＣＳというフレーズが当たり前になって、顧客満足を目指して30年近くが経ちました。日本の接客販売業界もお客様を大切に想い、お客様の満足度向上を図るために覆面調査や商業施設での集合研修など日々努力し、またそれが当たり前になっています。しかし今日、実際のお客様満足度はどうでしょうか？　本章の冒頭で日本の接客スキルは世界一だと言われていると書きました。日本人の良いところ、ルールを守り協力体制はバッチリ。いわゆるマニュアルに強く、忠実に活用することができるのです。しかし、ここ数年カスタマーディライト（ＣＤ）＝顧客感動の時代と言われ始め、マニュアルにない、今、目の前にいるお客様のライフスタイルやお気持ちに沿った接客ができた時、お客様からの評価の向上、顧客化に繋がっています。まさしく顧客感動カスタマーディライトです。それは、ありきたりなマニュアルにありがちな言葉や行動ではなく、目の前のお客様の言葉、動き、目線を素早く察知して対応できることが大切になります。

私どもの研修で、ミステリーショッパー会社（覆面調査）とジョイントして研修をご一緒することがよくあります。ミステリーショッパーの結果をより効果的に顧客感動にフォーカスして、活動をどのように向上させていくか、わかりやすく研修されているのです。そこで、パスタ屋さんの事例をお話しされていたことが印象に残っています。

あるパスタ屋さんでお客様の出口調査をされたそうです。「次もこの店を利用したいと思いますか？」という問いに対して、「近くまで来れば寄るかもしれない」あるいは「わからない」という答えが多くを占めたそうです。そこで「提供時間に問題がありましたか？」や「衛生面の問題がありましたか？」など、問題点の提示をしてみましたが、特に問題なく「美味しかった」と答えたそうです。そして、次回もこの店に行くかどうか「わからない」と答えた中で最も多くあがったのは、なんと「特に理由はない」というものでした。この店に行く理由がないということなのです。

今や日本で技術面、品質面に問題のある飲食店やサービス業を探すことは難しく、その中で特に印象に残ることこそが、顧客感動に繋がるサービスと言えそうです。「行く理由を作るサービス」、それは顧客感動に繋がります。そして、感動の感度は人それぞれで、大きく分けると3つ。

1つは「サプライズ」で、薔薇の花束やシャンパンサービスなどお客様が驚かれるほどの演出です。2つめは「知識」です。商品知識やその他関連することに関しての深い知識でお客様を感動させること。3つめは「ちょっとした気配り」だそうです。人の感動はそれぞれで、物では感動しないけれどスタッフの小さな気配りや言葉がお客様に響き、またこの店に行きたいと思わせる力を持っています。それこそが、目の前にいらっしゃるお客様に合わせた小さなサービスが次回来店に、そして顧客感動に繋がるのです。

薔薇やシャンパンを用意しなくても、2つめの抜群の知識と3つめのちょっとした気配りは私たちにも必ずできます。ひとくちに顧客感動と言われても何から手をつけて良いのかわからないと思いますが、目の前の小さなことから始めていきましょう。

4 購買心理の8段階は時代遅れ！ 顧客満足のネクストステップへ

私たち接客業の基本マニュアル中に「購買心理の8段階」、いわゆる8ステップがあります。「購買心理の8段階」についてここでは詳述しませんが、最後の段階は「満足」となります。しかし、先ほど述べましたように、現在は最後の満足では満ち足りない、その先の感動まで行かなくてはお客様のリピートは見込めない時代なのです。

「購買心理の8段階」とは、購入に至るまでのお客様の気持ちの変化とそれに基づいた私たちのマニュアル的動きですが、そもそも買う気持ちのないお客様が多い中、お客様の気持ちに沿った接客の動きでは、現代においては無理がある、と私は感じています。お客様を買いたい気持ちにさせるステップを私たち接客側が持ち合わせることが大切です。

私が長くトレーニングに携わらせていただいた外資のスポーツブランドA社様では、今から5年ほど前に8ステップではリピートが見込めないというグローバルなデータを出しています。型にはめない自由な接客。お客様がブランドや販売スタッフに強い印象を持ち、お客様と繋がることが最高の接客。すなわちリピーターを見込める接客だと提言し、既にこの内容を定着させて、接客に活かし実行しています。そして、お客様と繋がる考え方を基にミステリーショッパー（覆面調査）を徹底し、素晴らしい業績を上げています。

顧客満足が提唱され始めた当時、とても画期的だった雨の日にショッパーにビニールをかけてお渡しするサービス。当時はお客様に満足感を与えると考えられてきましたが、現在ではゴミ軽減のためにビニールをかけることを嫌うお客様もいらっしゃいます。必要かどうかをお聞きすることがお客様に合わせたサービスであり、マニュアル通りではないお客様の思考に寄り添ったカスタマーディライトのサービスです。

POINT

- 顧客満足ではもう古い。マニュアルにはない顧客感動こそがリピーター獲得の鍵！
- 「マニュアル通りの接客ではないか？」の徹底確認をしましょう。
- お客様を本気で見て観察できているか、お客様はなぜその質問をされるのか、常に「疑問」を持ち、スルーしないこと。

5　お客様と接客を楽しむための準備はできていますか？

前述したように、顧客感動の時代という考え方は理解できたとしても、基本的に販売スタッフが、まずは接客やお客様とのコミュニケーションを楽しめていなければ実践することは困難です。

「お客様と会話を楽しみましょう！」「接客を楽しみましょう！」と、最近の企業様の現場教育でよく聞こえてくるフレーズです。

自社商品を愛し、お客様と会話できることが大好きで「今日はどんなお客様と出会えるのだろう？」とワクワクしながら店頭に立っているスタッフを見ると、私までつい笑顔になります。その反面「お客様と楽しみましょう！」に対し、「どうやって!?」「楽しむなんて私にはできない」「売り上げを考えるだけで精一杯」と、接客を苦痛に

感じているスタッフも存在する深刻なケースを目のあたりにすることも最近では多くなり、その差は何かと考えてみました。

もちろん、売り上げを上げたくない販売員はいないはずです。でも、「本気で売りたい」と思っているでしょうか？そこが問題です。本気で売りたいと思っているならば、接客スキルの前に自社の商品が好きになるまで勉強することです。商品を熟知できると、その商品のアピールポイントや使用するお客様のイメージ、オケージョンが自然と思い描けるようになります。

その状態まで考えることができるようになれば、どの商品であってもアピールポイント、対象のお客様像を自然とマッチさせることができるようになります。

そうなると、スタッフの自信に繋がって表情、身のこなし、不思議なことに声まで変わっていきます。売れないスタッフの表情はいつもどこか自信なさげ。笑顔もぎこちなく声も小さいのが特徴です。先輩からいつも「自信を持って声を大きくね。自信なく見えるから……」と言われてしまいます。しかし、そう言われても自信はないのです。「自信がない」イコール接客が楽しくないという不幸なスパイラルです。

タグ（説明書）を見なくても、素材の特徴、お手入れ方法、作り手の想い、機能が話せるようになれば、自社商品を魅力的に感じることでしょう。その時のスタッフの表情は少し誇らしげで楽しめていそうです。

POINT

- 商品特徴、価格、セールスポイント、他のお客様の事例などを口頭で言えるようスタッフに覚えさせましょう。
- 空いた時間で、商品知識についてスタッフに質問してみましょう。
- 繰り返し質問を反復し、その商品に納得し、欲しいと感じさせてくれたら次のステップへ（この時点で少し自信が持てるようになっているはずです）。
- 商品に対する知識がつくと、次はアプローチステップに移行していきます。（アプローチステップは第2章で詳しく解説しています）。

第2章

心が折れない、返答がもらえるアプローチをする

1 アプローチはインパクト！　笑顔でお声がけしよう

第1章でお伝えしましたように、お客様はもちろんのこと、販売スタッフも同時にお客様との会話を楽しみながら購買のサポートをしていくことが大切です。

そのお客様との楽しい会話のきっかけとなるアプローチのお話をしていきたいと思います。お客様が来店されてお客様の印象を自然につかもうと私たちがセンサーを働かせているように、お客様もまたスタッフの第一印象や話しかけられる時の笑顔や姿勢、話しかけられる「アプローチトーク」でお店のレベルや方針などを一瞬にして感じ取ります。私のことをわかってくれる、共感できそうなスタッフ、楽しませてくれるスタッフとは話してもいいが、不快になる、押し付けられるような無駄な時間は過ごしたくないとお客様は思っています。私はアプローチの印象とトークで販売の50％

は決まると考えています。

販売スタッフは売り上げを上げていくために、ほぼ同じ時間店頭で働き、同じ環境で同じ商品を販売しています。それなのに人によって売り上げに差が出るのはなぜでしょうか。それは、圧倒的に販売スタッフのアプローチに対するモチベーションの差なのです。積極的にアプローチできないスタッフは、アプローチした方が売り上げに直結すると理解はしているが、お声がけに躊躇する。心のどこかで「無視されたくない」「嫌われたくない」という人間の本能的気持ちから何度もふられて心が折れてしまう。そして、アプローチにチャレンジする気力さえ失ってしまう。そんなスタッフをこれまで多く見てきました。

もちろん、キャリアが違うなど様々な理由は挙げられます。私が経験したA社での事例です。新人として配属されたある男性のスタッフが、１か月間の売り上げで１００万円以上先輩スタッフの売り上げを上回ったことがありました。トレーニングで教えられた通り、素敵な笑顔で躊躇なくお客様にお声がけする。ただそれだけからのスタートです。そうしていくうちに、お客様からの質問への回答やおすすめのポイントを不安に思った場合、彼は先輩に積極的に質問して不安を自分自身で解決していきました。そして3か月後には先輩を抜いてトップの売り上げを上げるようになっていたのです。毎回、ロールプレイングを行うと会話が丁寧で、物腰も柔らかく何より感じがいい。しかし、それ以上に他のスタッフとの決定的な違いはアプローチの数でした。

彼が働いていたのは大きなショップでしたので一日の入店客数も多かったのですが、月間のアプローチ数は他のスタッフよりも200件ほど上回っていました。あくまでもアプローチ数ですから、そこから売り上げに直結するとは限りません。しかし、お声がけすることでお客様との会話ができると、会話の流れがスムーズになり、商品紹介も回数を重ねることで紹介しやすいフレーズが浮かんできます。企業によっては新人スタッフに最初から接客をさせないケースも多いのですが、接客することは私たちの仕事であり、お声がけを当たり前の業務として早く慣れさせることが重要なのです。

ここでスタートを間違えると、お声がけできないスタッフをつくってしまうことになります。気づいた時には遅いのです。「かわいい子にはアプローチさせよ！」です。

POINT

スタッフは接客に慣れてくるとお客様を見極めようとします。「機嫌が悪そう」「無視されそう」「買わなさそう」などとお声がけする前にこちらでネガティブに考えるスタッフも多いものです。私はいつも、「アプローチは宝くじと同じ。お声がけしないとその先はわからない」と伝えています。宝くじも買わない限りは絶対に当たりません。地道な作業ですが、自己申告でアプローチ数のカウントを取っていくだけでも各自アプローチ数を意識しますので、確実にレジ客数は上がっていきます。

2 アプローチのタイミングと種類を考えよ！

アプローチ件数のカウントがレジ客数に反映するとお話ししましたが、その次に重要なのはアプローチの「質」となります。アプローチの質を上げていくためには、販売スタッフの感性が必要となります。しかし、感性任せでは感性の弱いスタッフはいつまで経ってもアプローチ件数が増えるだけでレジ客の件数は増えません。そればかりか、ますます自信をなくしてアプローチに対するネガティブな感情がふくれ上がり、アプローチが怖くなっていきます。

ここでは、誰にでもできるアプローチのタイミングの定義をお話しします。アプローチのタイミングは、お客様のリズムと自分のリズムをマッチさせなければならず、タイミングを図ることが難しいものです。そのタイミングはスタッフ各自に任せている企業が多いのですが、アプローチのタイミングにも定義づけが必要です。

ひとくちにアプローチと言っても、アプローチは「2回」に分割して行うべきと考えます。ファーストアプローチとセカンドアプローチに分けることです。ファーストアプローチはお客様が入店されて10秒以内。セカンドアプローチはお客様の様子からタイミングをみてお声がけします。アプローチが上手くいかないケースの多くは、お声がけを一度にまとめてしまっていて、ファーストとセカンドに分けられていないのです。特に新規のお客様には2回に分けてお声がけすることで警戒心を和らげ、安心させる効果があります。

ファーストアプローチでは、お客様にいきなり「何かお探しですか？」などとお声がけしたり、答えようのない質問をしないことが鉄則です。ファーストアプローチのポイントは「お客様に負担をかけないお声がけ」。例えば「いらっしゃいませ。ごゆっくりご覧くださいませ」と最高の笑顔でお迎えします。お客様の心の中で「ＯＫ～！」となるような、考えさせない負担のないお声がけです。オープン質問、クローズ質問でいうとクローズ質問。そして、お客様の今日のファッション、お持ち物、ご様子、そしてご覧になっている商品などからセカンドアプローチを行います。ここではできるだけオープン質問にチャレンジし、お客様が考えてから返答がもらえる質問をすると次のニーズの引き出しのステップに繋がりやすくなります。

POINT

アプローチステップのルール（アプローチは2段階のステップに分ける）

①ファーストアプローチは10秒以内、セカンドアプローチはお客様の動き、ご様子を見て考えてお声がけをします。

②ファーストアプローチは、お客様の気持ちに負担のかからないお声がけをします（クローズ質問）。

③セカンドアプローチは、お客様のご様子を見ながら、ありきたりの言葉でなく、お客様から答えが返ってくるようなお声がけをします（オープン質問）。

3 売れる販売員は「商品説明」からアプローチしない

前項の2ではアプローチのステップについてお話ししました。ファーストアプローチは、お客様が来店された感謝の気持ちを込めたお客様だけに向けられたご挨拶です。お客様の目を見て数歩前に出て挨拶します。お客様を見ずに壁を向いていたり、作業しながら顔を上げずに声だけの「いらっしゃいませ」は論外です。

さて、ここからは一番難しいセカンドアプローチの内容です。ここでありきたりなトークをしてしまうと接客のヒットに持ち込めないケースが多く、接客率の向上につながりません。

セカンドアプローチには大きく分けて2種類のアプローチがあります。1つは商品説明からお声がけするプロダクトアプローチ、もう1つは目の前にいらっしゃるお客

様に対するパーソナルなマインドアプローチです。

既にお客様が商品を手に取っていらっしゃる、または商品を見ていらっしゃるということが明らかであれば、商品紹介でアプローチします。しかし、お客様がよほど「気に入っていらっしゃる」、「急いでいらっしゃる」場合を除き、プロダクトアプローチから会話を繋げていくことで返答をいただくのはかなり難易度が高くなります。

販売業界では既に死語と言われる「何かお探しですか」「お試しいただけます」

のようにお客様にとって答えようがないアプローチはもちろん論外ですが、大抵の場合、商品説明のタイミングが早すぎるのです。その商品をたまたま触っただけ、見ただけのタイミングで丁寧に商品説明をされても、お客様にとっては「見ていただけなのに……」「特に気に入っているわけではないのに……」など、買う目的でなければ店内に滞在しづらい雰囲気となってしまうのです。仮に商品説明からお声がけしたとしても、そこからマインドアプローチでお客様の今日のファッション、お持ち物などパーソナルな事柄に触れて会話を繋げていくことが必要です。

例えばプロダクトアプローチを行い商品説明のアプローチをしても「わかりました」とお客様がおっしゃって離れてしまうと、再度お声がけのタイミングを図ってアプローチにチャレンジしなくてはならなくなります。

マインドアプローチトーク

「いらっしゃいませ」の次のステップとして、話のきっかけを作ります。どのお客様に対しても、同じアプローチの言葉ではなく、お客様の行動や動き、視線などを観察してアプローチしましょう。まずはどのようなバリエーションがあるか考えてみましょう。

グリーティング

こんにちは／おはようございます

ありがとうございます。〇〇〇〇〇〇ご愛用いただいているんですね→着心地はいかがですか

仮説

お仕事帰りですか？→お疲れさまです

パーティーのご予定ですか？

ほめる

素敵なピアスですね

とてもお似合いのヘアスタイルですね

アピアランス

たくさんお買い物なさったんですね

(キャリーバッグをお持ちなら)
ご出張ですか？　ご旅行中ですか？

※「お探しですか？」のフレーズは使わない

ありきたりの言葉ではなくお客様をよく観察して
アプローチの言葉を工夫しましょう

４　接客内容のデータ化（カウントを取る）

店舗の売り上げを伸ばすためには、現状の接客状況をデータ化し、個別の接客状況を分析していくことが個人売りをアップさせるためにも重要となります。データ化は地道な作業ですが、カウントしていくことでスタッフの意識の向上にも繋がります。データ化によって特に接客内容がわかることで解決策やトレーニングの指標が明らかになります。

例えば、接客のヒット率のデータを取った場合、プロダクトアプローチよりマインドアプローチの方が圧倒的に接客に持ち込むことができ、接客のヒット率は確実に上がります。スタッフの「アプローチの苦手意識」を克服するためにもお客様の外見や見える物からお声がけできるマインドアプローチのトレーニングを行うと、お客様か

接客内容をデータ化するための「アクションプラン表」(例)

		徹底事項			当月の課題	スタッフ別コメント(店長記入)
評価方法		件数/○△×	件数/○△×	件数/○△×	件数/○△×	
氏名						
1						
2						
3						
4						
5						

総評(営業記入)	今月の成果(営業記入)	次月の課題(営業記入)

担当営業の方にも店舗担当者として一緒に参加していただきます

総評(店長記入)	今月の成果(店長記入)	次月の課題(店長記入)

店長はアクションプランの内容を実施したことについての現状と成果を記入します

ら無視されないアプローチに自信が持てるようになり、プロダクトに逃げないアプローチができるようになります。マインドアプローチが当たり前になれば接客のヒット率は上がり、もちろんレジ客の増加に繋がっていくのです。

5
誰にでもマッチするフレーズは誰にもマッチしない

お客様との接客ステップの中で、アプローチステップはレジ客に繋げるためのきっかけづくりであり、お客様の購買意識を高めていただくための重要なステップです。しかし、その重要なステップについて、アプローチが得意だと自信を持って手を挙げられるスタッフはプロの世界でもそれほど多くないのが現状です。というのも、残念ながら多くのブランド、企業様のアプローチの内容は誰にでも当てはまるマニュアル的なアプローチがほとんどだからです。

現在は「良いのがあれば買ってもいい」というお客様が大勢を占めて、特に自分にとって必要だと強く感じなければお話もままならないというお客様も多くいらっしゃいます。

常連のお客様はご自分から話してくださいますが、新規のお客様の場合は持ち物やテイストから判断して、好みやセンスに沿った「お客様だからこそ」の会話が商品紹介に繋がります。

「お客様なら」「お客様だからこそ」など、お客様のパーソナルな特徴を見抜き、パーソナルな会話がどれだけできているかで新規獲得のチャンスをつかむことができます。数少ない新規獲得のチャンスを逃さないようにしましょう。今こそアプローチを見直して検証してみてください。あなたのお店のスタッフはありきたりな、誰にでも当てはまるマニュアル会話になっていませんか？

POINT

ロールプレイングで細かい設定をしても、多くのスタッフは「その方だからこそできる会話」をしていないケースが多いものです。お客様の心にヒットしない、商品ありきの接客。マニュアル的な、誰にでも当てはまる言葉やニュアンスは誰の心にもヒットしません。

ポイントは「普通」の接客にとどまることのないようなパーソナルな話題づくりを目指すこと。

6 こんな時代だからこそ必要なのはお客様との繋がり方

接客業にとって厳しい状況が加速する現状を踏まえ、私たちの接客をどう変えていけば良いのでしょうか。実際にリアル店舗よりネット販売に力を入れている企業も多く、店頭で販売している私たちにとっては決して良い状況とは言えません。しかしネット販売に力を入れたブランドも、今また店頭での接客を見直す動きに戻ってきています。ネット販売も、結局は店頭での接客が要になっているのです。どんな時代や状況になっても接客がなくなることはありません。お客様の心を感動に導き、スタッフやブランドを愛してくださるお客様をつくるのは接客でしかできないからです。初めて入店してくださるお客様は、商品やブランドに魅かれてお買い上げになったかもしれません。しかし新規のお客様をファンに導くのは人です。お客様との繋がり方が深ければ深いほど、「あなただから」「あなたがいるから」とご来店いただけます。「お客様と私たちの間に商品がある」のではなく、「私たちとお客様の先に商品がある」のです。それこそがお客様と深く繋がることのできる考え方だと私は思っています。

POINT

心に残る感動は「人」にしかできない。記憶に残る接客でネットに負けない私たちの存在感を示していきましょう！

7
心に残る「忘れられない接客」

販売に携わる私たちも日々の生活では消費者です。自社と同様の商品を販売してい

る競合企業の視察など特別なことではなくても、コンビニやドラッグストアなど様々な場所で消費体験をしています。

その中で、心に残る「忘れられない接客」を受けたことがあるでしょう。私も数多くの消費経験をしています。そして職業柄でしょうか、厳しくも甘く（笑）接客を体験し、日々困惑したり感動したり自然と自分の中で評価しています。その中でも、「またこの人からアドバイスを受けたい」「この人から買いたい」、または「この店で買いたい」と店舗を出る際に感じるのはどんな時だろうと考えた場合、やはり販売員さんのパーソナルな言葉がキーワードとなります。

入社まもない「研修中」のプレートをつけたスタッフさんの接客は、どこか頼りないところもありますが、何より「お客様のために一生懸命」な姿勢を感じると、どこか昔の自分と照らし合わせ（それは私の個人的な感情ですが）、無条件に紹介された商品を全部買ってしまいます。そして応援したくなります。トレーニングの現場でも新人スタッフさんが爆発的に売り上げを上げることは珍しくありません。お客様を選ばず、どなたにも一生懸命「喜んでいただきたい」「商品の良さを知って欲しい」という習いたての商品知識を心をこめて伝えてくれるからです。

そうなると、接客のプロではなくても、お客様の「心」をつかむことができればファンをつくることができるということになります。

また、私が体験した別の事例ですが、以前に所属していた研修会社の事務所の１階にスーパーマーケットが入っていました。ごく普通の一般的なそのスーパーではレジが３か所あり、当初は各レジに３列に並んで会計を待つというシステムでした。

その中にアルバイトの中国人留学生の女の子がいました。皆さんなぜかその女の子のレジに並び、3つのレジの並び方に差が出てしまうのです。若くていつもニコニコ愛想良く接客している様子はお店の雰囲気を明るくし、私も良い気持ちになりました。列に並ぶお客様の人数の差から私も接客をよく観察していると、テキパキとレジの作業をしながら一人ひとりに話しかけているのです。買い物カゴの中を見て「今日はすき焼きですか？　いいですねぇ」や、「今日はお仕事終わったんですか？」「暑かったですね〜」などと笑顔でパーソナルなお声がけをしているのを見て、無言で日々の食材を選び列に並びレジを待つことが当たり前のスーパーで、心がほっこりするようなその子のレジに長蛇の列ができるのも納得です。

そのうちにレジの列を平均化するために1列に並び、空いたレジに順番に並ぶシステムに変わったのですが、なんと常連客はその子のレジに当たりたくて後ろの人に順番を譲ってしまうのです。効率が悪く、結局そのレジに並ぶシステムは廃止され、元のシステムに戻りましたが、スーパーのレジでのたった1、2分の接客での絶対的なパワーはすごいと感じました。

顔も覚えてもらえない普通の接客ではなく「あなたに接客して欲しい」「あなたから買いたい」と思っていただける、「忘れられない接客」をしていくこと。そしてお客様を大切に想う気持ちが自然に伝わり、お客様から「お客様は特別な存在」だと接客の中で感じていただけるようになること。それができた時、「特別な存在価値」を持つスタッフが生まれると思うのです。

第3章

お客様のライフスタイルストーリーに溶け込んで

私のこと
よくわかって
くれてるな
…♡
また来ます〜
ありがとう
ございました！

1 ご提案の前に大切なことはお客様のライフスタイルストーリー

第2章では、お客様との接客にヒットするアプローチ方法でその後の接客が50%決まると述べました。お客様がこの人なら心の中を打ち明けても良いと判断してくださる瞬間であり、そこでその後の接客ストーリーの方向性が決められるからです。そして、ここからはお客様の潜在ニーズを引き出したり、ご提案に繋がる会話の始まりとなります。

毎日の売り上げ達成のために、時には売り急ぐ接客になってしまうことがあります。しかし、そんな気持ちで接客すると失敗するケースがほとんどです。お客様に提案する前に、どのようなシーンで使用されるのかが明確になっていると成功率はアップするものです。お客様が使用されているシーンが想像できていて、自店の商品がポツポツと頭の中に浮かび上がってくる。提案の根拠がトークとして自然に出ていることが理想です。そのためには、お客様それぞれのライフスタイルストーリーに触れることがとても重要なのです。

お客様のニーズには、コトニーズ（お客様のライフスタイル、用途、状況、気持ちなど）とモノニーズ（商品のディテール、形、色、テイスト、機能など）の2つがあります。モノニーズの引き出しから入ってしまうと、お客様の使用するシーンがわからないまま提案してしまい、会話も途切れます。先にコトニーズの確認、それがわかってからモノニーズの確認をしていきましょう。

2つのニーズの分け方が理解できると、根拠なく提案することがなくなり、お客様に安心感を与えます。このメソッドに慣れたスタッフは、それまでのモノニーズ接客は「手探りだった」とコメントしています。今は、そんなモノニーズ中心の接客をすることはお客様への勝手な思い込みで接客することとなり、そんな手探りの接客が「怖い」と思えるようになったようです。

接客販売に見られる販売パターン

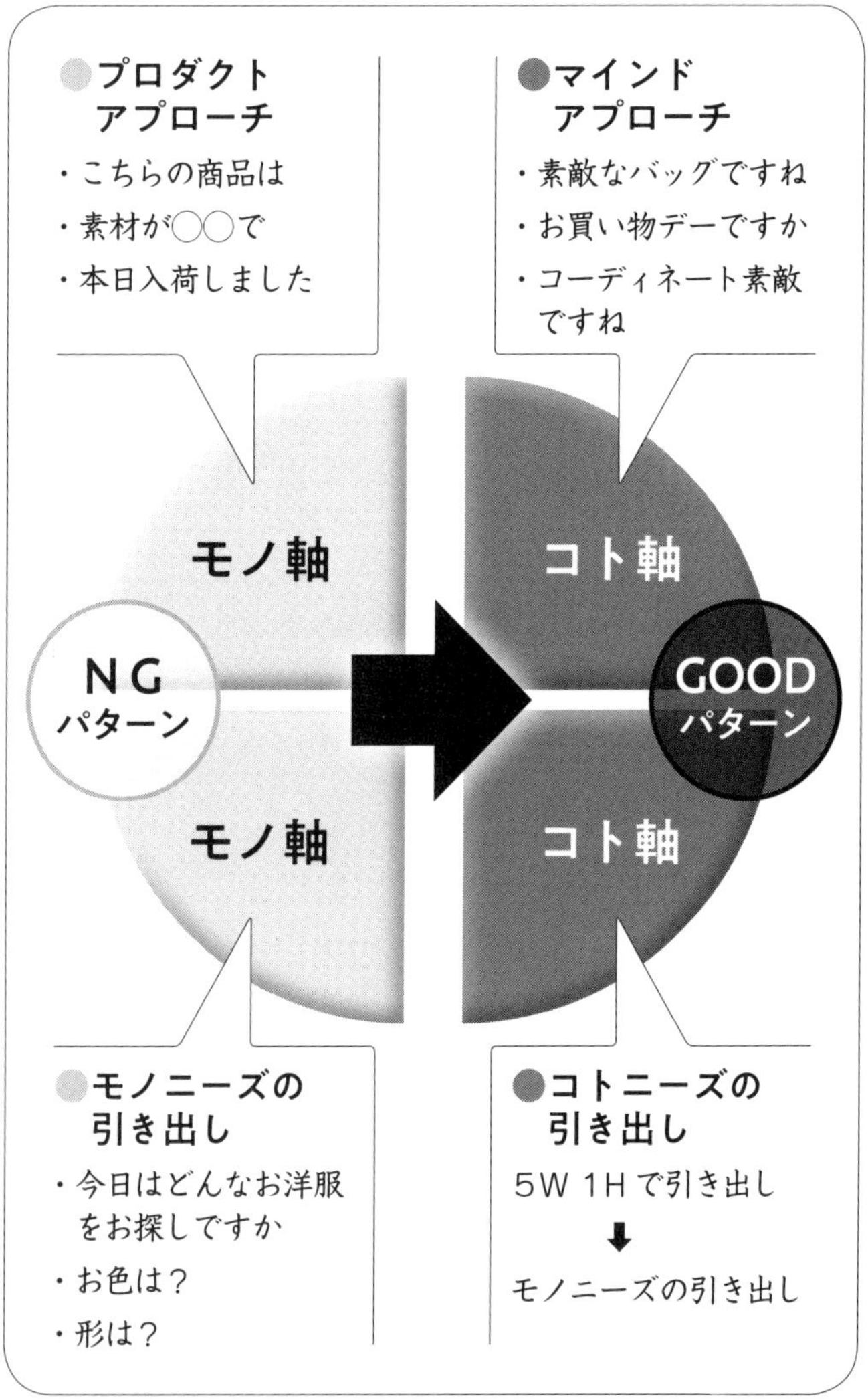
プロダクト
アプローチ
・こちらの商品は
・素材が◯◯で
・本日入荷しました
マインド
アプローチ
・素敵なバッグですね
・お買い物デーですか
・コーディネート素敵
ですね
モノ軸
モノ軸
NG
パターン
コト軸
コト軸
GOOD
パターン
モノニーズの
引き出し
・今日はどんなお洋服
をお探しですか
・お色は？
・形は？
コトニーズの
引き出し
5W 1Hで引き出し
モノニーズの引き出し

2
5W1Hは私たちの強力な武器になる

魅力的な接客を行い、販売力があり、ファンの多いスタッフに共通する特長は聞き上手ということです。自然な会話でお客様のライフスタイルを引き出せばお客様の表情も楽しそうで、リピート率も高いのです。

販売力の弱いスタッフは「あの人はカリスマだから……」「あの人みたいには売れない」「自分には到底できない」など、最初から諦めているケースが多いのです。店舗に入ってトレーニングをすると、そんなネガティブトークがよく聞こえてきます。できないと思っているスタッフもトレーニングすれば必ず克服できます。

トレーニングの重要なポイントは質問上手になること。結果的に多くのお客様の情報を得られるので、ベストなご提案をすることが可能となります。

その方法として、5W1Hがあります。コミュニケーションの手法としてよく使われていますが、販売力のあるスタッフは5W1Hに沿ってお客様と自然な会話でコミュニケーションを取っていることがわかります。ロールプレイングの設定をする際にも必ず5W1Hに当てはめてお客様役のペルソナ※を考えます。

※ペルソナとは
企業や商品、サービスの典型的なターゲットとなる顧客像のこと。ペルソナで定められる顧客像には、氏名や年齢、居住地、職業、年齢、価値観やライフスタイル、身体的特徴などがあります。

5W1Hに沿った質問について、例えば同窓会に行かれるお客様がそこで着用する服を探しにご来店になりました。その時点で、普通の接客ではお出かけに合いそうな商品を提示するのですが、プレシャスメソッドでは、ここから更に一歩踏み込んで会話を続けます。5W1Hに基づく以下のような会話例です。

Who（誰が）→お客様ご本人が
When（いつ）→○月○日○時、
※時間帯までうかがうことが重要
Where（どこで）→都内のラグジュアリーホテル
※フレンチや和食などの料理や雰囲気がわかればなお良い
What（何を）→高校時代の同窓会
Why（なぜ）→○年ぶりの同窓会
How（どのように）→たくさん集まる大規模同窓会。久しぶりに会う級友たちに若く綺麗に見られたい

ここまでをお客様のお気持ちを高めながらうかがうことが重要です。こういった場面で普通の接客をすると商品提示が早いため、お客様のお気持ちや背景がわからずに提示してしまいます。その結果、お客様のお好みだけに左右されてしまい、会話から情報を上手に引き出すことができません。

コトニーズの引き出し方

質問上手になることで、お客様のニーズ（ライフスタイル、用途、状況、気持ち等）の情報を得ます。

Who（誰が）	➡	お客様が
When（いつ）	➡	○月○日○時
Where（どこで）	➡	ラグジュアリーホテルのフレンチレストランで
What（何を）	➡	高校時代の同窓会
Why（なぜ）	➡	○年ぶりにクラスメイトと再会
How（どのように）	➡	若く綺麗に見られたい

5W1Hに沿いながら
自然なコミュニケーションを！

例えば、お仕事帰りの同窓会ならば、昼間のお仕事も配慮しながら商品を選ぶことになります。こちらの例ですと、ラグジュアリーホテル、しかも夜というシチュエーションならば、昼間の同窓会とは違ったご提案となるでしょう。お客様もご自身の同窓会のためのヒントをスタッフが得たいために質問していることを理解され、拒否されることは少ないでしょう。

こういった会話で普段どんなお仕事をされているのか、お客様の生活スタイルも知り得ることができるので次のご提案に繋がるトークもできますね。

3

お客様のニーズは1粒で6度美味しい

前述したお客様のライフスタイル（コトニーズ）がわかると、接客販売は無限大に広がっていきます。会話をしながらお客様のコトニーズをお聞きして自然なコミュニケーションを取り、商品提案の商品を思い浮かべ、提案の理由づけをしながら商品提示、フィッティングなどのお試しをしていただき、その際のリアクション、そしてクロージングの材料として使い、お見送りの時のトーク、最後にアフターフォローのDMにまで活用します。商品の好みだけしかわからない接客には絶対にできないテクニック。そしてネット販売にはできない接客販売の醍醐味です。

「1粒で6度美味しいお客様のコトニーズ」とは、次のようなイメージになるでしょうか。

〈1粒で6度美味しいお客様のコトニーズ〉

①コミュニケーション

お客様との会話からお客様のコトニーズを5W1Hを使いながら引き出します。

②商品選定・提案の理由付け

①でうかがったコトニーズを商品選定や提案時の理由づけをして提案します。

③お試し（フィッティング）のリアクション

お試しいただいてお客様が実感されている時に、同時にお客様のコトニーズに関連させて必要性や利点をアピールします。

④クロージング時の背中を押す

ご購入の理由づけ、ライフスタイルに役立てて欲しいコトガラなどをトークします。

⑤お見送り

お見送り時に今後の予定や商品を使用して楽しんでいただきたいということと、またお会いしたい気持ちを素直に伝えます。

⑥アフターフォロー

サンキューレターやサンキューメール、お電話でお客様のコトニーズにお役に立てたかの確認をします。

4 質問攻めにならない会話術

お客様のコトニーズをうかがう際に重要になるのは「質問力」と答えが返ってきた

時の「対応力」です。そして最もお客様のニーズを引き出す時に注意しなければならないことが「質問攻め」です。お聞きして、お客様が答えてくださる。それなのにノーリアクションで次の質問をしていませんか？　お客様は「？？？」となり、なぜ質問されているのかがわからなくなります。これでは楽しい会話は成立しません。

お客様に質問するということは大切ですが、それは興味を持っているから質問しているということから始まっているのです。こちらの都合、売りたい材料として質問していると、お客様はつまらない会話だと感じ、気持ちもトーンダウンします。私たちの仕事である楽しいお買い物のサポートはできません。

お客様への質問、お客様への共感、そしてそこから興味を持った会話、気遣いの言葉の流れになるように気をつけてみましょう。その際は、私たちの表情にも気をつけましょう。楽しい話や悲しい話、心配ごとなど表情のメリハリも重要です。

5 5W1Hを引き出すトレーニング

前述したお客様のライフスタイルを引き出すために、5W1Hを使ったトレーニングについてお話しします。お客様役はあらかじめ5W1Hのニーズと欲しい商品を設定しておき、1対2以上でお客様へ交互に質問していきます。この場合人数が多くても、スタッフ同士で質問の方法や共感のしかたなどを共有できるので、コミュニケーションが苦手なスタッフも楽しく緊張せずに習得することができます。

もちろん1対1でも可能ですが、行き詰まった時、代わりに質問してくれるスタッフがいませんので、理想として、最初は注目度を和らげて1対5くらいから始めましょう。1人のスタッフが質問をして、お客様が答えたら次のスタッフは答えてくれた言葉に対して共感やオウム返しをしながら次の質問に移り、お客様のコトニーズ、5

W1Hを引き出していきます。

時間に限りがある場合はここでストップし、お客様役が考えてきた設定を明かします。ここから、更に時間がある場合は、1分間でお客様がおっしゃったコトニーズから、紹介したい商品をピックアップします。それぞれのスタッフはお客様役へプレゼンテーションし、買いに繋げるというトレーニングです。

ここではニーズを引き出すだけでなく、商品買い上げに繋げるご提案の方法まで他のスタッフのトークを見ることができて非常に効果的です。会話の中から5W1Hのコトニーズを引き出すことはプロの販売員でも難易度が高く、これまではほとんど個人のスキルに任せられてきました。お客様にうかがう内容の定義をつくることで、質問の内容が商品提示するための何に繋がるか理解ができると、提示することに不安と迷いがなくなるでしょう。ここでしっかりと自信が持てると、この後は個性をスキルに乗せていくことが可能となります。

6

ご提案の「理由づけ」はお客様のライフスタイル！

お客様のニーズをつかむことができて、いよいよ商品のご提案に移る時に最も重要なことは提案の際の「理由づけ」です。５Ｗ１Ｈのポイントで述べたように、「なぜ私はこの商品をすすめられたの？」とならないように、うかがった内容から理由づけをすることが大切です。現場のトレーニングでよくある、「こちらいかがですか？」と提案はしたけれど、理由づけがないとお客様は沈黙するしかありません。やみくもに「何も考えず商品をすすめられた」という印象は否めません。

ロールプレイングでは、この場でストップし、一度紹介した商品の理由づけと、まだ質問することがなかったのかを確認します。理由のある商品のご提案はお客様のお好みのものではなかったとしても、提案した理由を聞いてお気持ちが変わることも多

私のこと
よくわかって
くれてるな
…♡
また来ます〜
ありがとう
ございました！

くあり、この一瞬のタイミングと提案のズレがその後の接客を左右します。理由づけのない提案をすることで、とりあえずすすめられたという印象は強く、「大切にされている」という気持ちにはならないでしょう。

たとえその日にお買い上げいただかなくても、理由がある提案はお客様にとって「私のことをよく理解して提案してくれる」という気持ちに繋がるからです。せっかくうかがったお客様のライフスタイルに触れて、ご提案のチャンスに活かしていきましょう。

この方法でご提案していけば、「やっぱり先ほどすすめてくれた商品を買っておきます」と戻ってきてくださるケースや、翌日再来店のケースも増えたというデータを研修先の企業様からもいただいています。

「旅行に行くとおっしゃっていましたので」
「来週のホテルのランチに活躍しそうです」
「大切なコンペのプレゼンではこちらをスーツのインナーに」

など、うかがったお客様のコトニーズに沿ったご提案で、実際に使用したイメージを想像していただき、リアルなご提案をしていきます。そのためにも5W1Hは欠かせないのです。

第4章

セット率アップは
お試しいただくまでの接客で
9割決まる！

1

お試しのタイミングがリミットと心得よ

数字をつくっていく上で、客数減少、販売スキルの低下により売り上げがつくれない場合、重視されることは、客単価とセット率のアップです。

客数減少の理由は自社の問題に関係なく環境による減少もありますが、それを除けば減少の大きな理由の一つには、普段から新規顧客の獲得や顧客の確保ができていない場合が挙げられます。

これまでお伝えしてきました、お客様への会話に繋がるアプローチや、お客様との会話のキャッチボールが新規獲得や固定客づくりに効果的です。それでも客数の減少が深刻ならば、フォーカスすべき項目としてセット率アップが挙げられます。

アプローチはできても、お客様への更なるご提案ができず、単品販売で終わってしまう。もちろん、そのような接客内容ならばリピーターや固定客獲得は厳しくなります。本章では、セット率アップのための接客ステップとテクニックをお伝えしていこうと思います。

日々の売り上げをつくっていくために様々な動きを数値化し、具体的に指導していくために、現場でのアクションプランでお試し（フィッティング）の件数をカウントすることはとても効果的です。毎日の接客でお試しいただけるまでの接客内容を意識することで結果的にレジ客、ひいては新規獲得、顧客の定着に繋がるからです。

フィッティングで商品を試すという行為は、お客様が自分にフィットするか、どのように見えるかに興味を持ち、確認したいという気持ちからきていると思います。そのお試しいただけるところまで接客が進めば、商品の購入決定に繋がりやすく、この時点でアプローチ、ニーズの確認を活かしたご提案からの販売は9割決まります。

しかし、ここで1点だけのお試しは非常に残念です。これまでの接客でお客様のライフスタイルやコトニーズをうかがったのであれば、せっかくですから普段の通勤や関連した商品も時間の許す限り楽しんでいただきましょう。

そこで注意しておきたいことがあります。複数の商品を提案したいのであれば、お試しされる前に関連づけて紹介しておくことが大切です。

お試しされる時、もしくはお試しされた後に商品を追加して提案するケースを見かけることがありますが。この場合、お客様の頭の中にはお試ししたい商品以外は視野に入っていないと考えましょう。お試しは購入前の最終確認であり、それまでの接客の中からご紹介した商品のお試しは1回のタイミングで済ませられるような配慮が必要です。

お客様の気持ちの高まりに寄り添ったアクションが大切なのです。複数ご紹介したい商品があるならば、すべてお試しいただいて消去法でお選びいただく方が、お客様にとってはご自分で選んだという満足感も得ることができるでしょう。

2 お試しタイムがセット率アップを高めるチャンス

お客様が商品を試したい、鏡の前で自分に合うかチェックしたいと感じられるタイミングはお客様から言われる前に、こちらから笑顔で「ぜひ！」という言葉を添えてお誘いします。

お試ししていただく方法は商品アイテムの違いによって異なりますが、例えばファッションであっても機能や利便性を求められるアイテムは、実際にデモンストレーションの効果が発揮される絶好のチャンスです。

例えばバッグの場合、昨年より小さなサイズが流行していますが、小さなバッグにどれくらいモノが入るのか、お客様は気になると思います。バッグの場合のフィッティングであればお客様の身長やファッションとのバランスなど、全体感をチェックし

ながら、バッグの中にお客様が日常持ち歩くアイテムを、店舗にある、できればお試しいただいているバッグに合う色や同色のアイテム（財布、定期入れ、携帯ケースなど）をバッグの中に入れて重さや入るスペースを確認していただきます。
バッグをお求めの場合、お客様はバッグだけを求めてご来店されるケースが多く、セット販売が難しい商品アイテムです。バッグの他に同素材や似たテイストの小物類を最初から紹介するより、利便性チェックの際に同時に紹介することで、お客様の潜在ニーズにマッチすれば、関

連して一気に購買に繋がるケースも少なくありません。また、次回来店のきっかけとしてご紹介するチャンスでもあります。1回のフィッティングのチャンスを逃すことなく活用しましょう。

POINT

商品1点が決定し、お客様の気持ちがお会計に向かっている時のタイミングで関連商品をご紹介しても「時、既に遅し」でお客様には響きません。むしろ押し付けられる感覚になるので要注意です。

3

リアクションは商品ではなく「お客様について」が鉄則

お客様の購買の気持ちが高まり、商品を手に取り実際にお試しいただく時間は、接客の中でもお客様の気持ちに寄り添うことが特に難しいポイントとなります。そこで、お客様が商品を試されたタイミング、もしくは鏡の前でお試しいただいた瞬間にどのようなリアクションをしていますか？　私が店舗ＯＪＴの現場でよく見かける光景、もしくはロールプレイングでは、着用されてフィッティングから出られた瞬間に販売スタッフから「サイズもぴったりですね」「カラーコーディネートもいいですね」「シルエットも綺麗です」など、褒めのリアクションを聞くことが少なくありませんが、これは本当にお客様に向けたリアクション、もしくはお褒めの言葉になっているのでしょうか？

答えは「NO！」です。なぜならば、これらの言葉の中には、お試しいただいたお客様ご自身のことが何も入っていないからです。サイズ、色、シルエットは自社の商品、あるいは私たち販売スタッフ側の見立てを自画自賛しているだけなのです。まずは「お客様が◯◯だから」など、お客様のチャームポイントがお褒めの言葉の中に入ること。「お客様だから」というフレーズを忘れずにリアクションしましょう。

単なる「素敵です」「お似合いです」といったフレーズはお客様の心に響いていないと考えてください。お客様のことを考えて、うかがったニーズへの利便性、お客様にお似合いになる理由づけを考えてリアクションする習慣をつけることが必要です。

お客様のお気持ちが私たちの言葉のどこにヒットするのかは、何年接客の経験をしていても正確にはわかりません。お試しされる商品特長とお客様のライフスタイルに紐づけて、お試しされた時のリアクショントークが瞬時に出てくるように繰り返し訓練しましょう。

4

具体的な褒めは無限大の効果!

私が担当していたアパレルのS社百貨店高級ブランド様での出来事です。

ある日本法人の研修ご担当よりご相談があり、既存の店舗OJTとは別に名古屋の1店舗だけ5か月間、期間限定で入店して欲しいというご依頼を受けました。理由は、百貨店が行ったミステリーショッパーの結果が、そのフロア中、最下位で売り上げも急降下。マネジメントがうまくいかずに、スタッフと店長の対立もあるとのことでした。なるほど、店舗の雰囲気は売り上げに影響するはずです。

そこで店舗に入店し、まずはミステリーショッパーの結果レポートを見せていただき、普段の接客内容を知るためにロールプレイングから始めました。

そこで私が見た光景は、店舗内がすべてにおいて悪いスパイラルに巻き込まれているというものでした。スタッフのやる気や活気を感じないばかりか、お客様を褒めるということもできていません。店長は悩み、「私が辞めればうまくいくと思います」というほど深刻な状況でした。

まずは店長にお客様役になっていただきました。一つずつ接客を見直しして、みんながお客様目線になれるように細かくお客様の気持ちを伝えながらトレーニングをしていきました。すると店長は「褒めてくれないから楽しくない」と、お客様役としての感想を言ってくれました。

普通の接客はできているけれど、私自身がお客様役で大切にされていると感じられない。フィッティングから出てきても「いかがですか？」としか言われない。言われたとしても「お似合いですね」「サイズはぴったりですね」くらい。要するに、お客様役である私を褒めてくれていないから楽しくないということだとわかったそうです。店長は、笑いながら「もっと私を褒めて褒めて！」と訴えました。そうすると店舗全体が笑いで包まれました。そして、そのお客様に似合う理由づけのトークが各スタッ

私たちスタッフ同士で
褒める練習をしていきます!

フからポツポツと出てきたのです。

スタッフの皆さんから、「これまでの私たちが褒めているつもりだったトークは褒めではなかったですね」「考えないと出てこない褒めトークはぎこちなく、考えながらのトークは本心に聞こえない」。店長からは「まずは私たちスタッフ同士で褒める練習を毎日していきます」という前向きなコメントが出てきました。

トレーニングの回を重ねる度に新たな問題は出てきましたが、その度に解決策を提案し、店舗は明るく変わっていきました。その後、ホテルでの催事があり、店舗スタッフが一丸となってチームワークで取り組まなければ達成できない大きな数字目標を与えられたのですが、見事に達成したのです。予定通り、私が入店した5回のコンサルが終了しました。

まだ多少の不安は残りましたが、考え方、方向性は示すことができました。実際、少しずつ数字は回復していったことで、後は店長に託して5か月にわたる店舗ＯＪＴは無事に完了となりました。

何より店舗スタッフが笑顔になったこと、褒めることに躊躇することがなくなったことは大きな成果です。

後日、最も嬉しい連絡をこの店舗に依頼していただいた本社のご担当者様よりいただきました。なんと、「前回のご依頼時、最下位だったミステリーショッパーですが、今回フロアの中で1位となりました！」という報告です。そして、「今だからお伝えしますが……」と話は続き、「百貨店からこのまま数字や評価が変わらなければ、店長を変えてくれと言われていたんです」という話も。私はその言葉をうかがって本当に嬉しく、皆さんが誇らしく思えました。

そして、あれから5年ほど経過し、名古屋の同じ百貨店で別のクライアントの研修で入店した際、あの時の店長がいらっしゃればいいな……と思い、恐る恐る店舗をのぞきに行きました。その店長は、当時より一層若々しくハツラツとしていて、元気いっぱい楽しそうにお仕事をされていました。

あらためて、心に響く褒め言葉は人に勇気を与え、人生をも変える力があるのだと感じることができた一コマです。もちろんお客様の心に響く褒め言葉は大切ですが、人を褒める、褒められる喜びは、スタッフも同じなのです。「褒める思考」が周りも変えていきます。このようなエピソードを増やしていきたいものです。

第5章

躊躇せずにクロージングできるようになるために

1 売りたいだけじゃない、お客様のお役に立ちたい！

本章では接客販売における最後のポイント、クロージングについて解説します。お客様のライフスタイルから商品をピックアップし、お客様のお役に立てるシーンを思い描きながらご紹介し、お試しいただけたら流れに沿って必ずおすすめ（クロージング）していきます。

接客トレーニングを進めていくと商品知識や会話に自信を持ち始め、スムーズにお客様にご提案できるようになります。しかし、数字に繋がらないというケースにも遭遇します。このことは若いスタッフに多いのですが、商品説明や会話は丁寧で感じが良い。圧迫感はなく、お客様との距離感も良いけれど、その後「どうぞごゆっくりご覧ください」とニッコリして離れていってしまう。私からすると「え～！　クロージングしないの？」となり、何とももったいない流れです。せっかくお客様の気持ちも高まり、「買っちゃおうかな」と背中を押して欲しいタイミングで接客を中断してしまうと、お客様の心理としては「また今度でいいかな」「ちょっと考えよう」とトーンダウンしてしまいます。

ミステリーショッパーの報告によるとこのケースは意外に多く、「私に似合っていなかったのかも」「この店のお客様にそぐわないと思われたのかも」などネガティブな報告もありました。

これまでもお伝えしてきましたが、販売スタッフの役割は、「お客様のお役に立つこと」です。その気持ちを素直に心から伝えることは、「売りたい」「成績を上げたい」ということとは違う心の持ち方です。おすすめすることに罪悪感を持たず、私たちはお客様のお役に立つためにこの仕事をしていると考えましょう。

おすすめする時は、「お客様に押し付けているのではないか？」「うっとうしいと思われないか？」などを一切考えないこと。お客様のお買い物のサポート役は商品をご紹介することが仕事です。そして、お客様のライフスタイルをうかがって、ご希望に沿っておすすめしている流れはまさにお客様のご希望なのです。お客様のおっしゃったことに従ってご提案しているのですから、どのようにお客様のお役に立てるのかハッキリとお伝えしましょう。ここでは商品の特長や知識を活用することも大切です。この気持ちの持ち方でおすすめする「自分への理由づけを持つ」ことが躊躇しないクロージングのスタートになればと思います。

2 クロージングは押しつけではない

私が講師を務めている大学の講義で、お客様の心理を課題にディスカッションすることがあります。ファッション好きな若い世代。買い物は大好きでウインドウショッピングによく出かけているようです。

しかし、入店する際の気持ちは、楽しみと期待とともに「押しつけられたら嫌だな」と多くの学生が考えています。もちろん、押しつけられたら嫌だということは、学生でなくても同じです。

では、今この時代にクロージングで商品を押しつけるスタッフはいるのでしょうか？　私はここ20年でほとんど見なくなったと感じていて、逆に少し寂しい気持ちもするほど「売る」ということに対して消極的すぎるなと感じています。

今の学生が本当に「押しつけられた」という経験をしてそう感じているのであれば、その実態は、お店の販売スタッフがニーズを聞かずに提案している、お客様のライフスタイルやお望みをうかがおうという気持ちが感じられず商品を提案されたから「押しつけられた」と感じているということではないでしょうか。私たち販売スタッフは「売る」ことが仕事です。売って初めてお客様の気持ちに沿った提案ができてお客様がお財布を開く気持ちになったのだと考えることが大切だと思います。

POINT

お客様の気持ちに沿ったクロージングのポイントについて、次のような具体例があります。

・北海道旅行では移動も多いとおっしゃっていたので、軽くて持ち運びしやすいこちらのストールをお持ちになりませんか?

・同窓会では皆さんとお写真を撮られるとおっしゃっていたので、お肌映りの良いこちらのピンクがおすすめです。

・お食事会だけでなくお仕事していらっしゃるということでしたので、普段の通勤でもお召しになれるこちらは活躍しそうです!

など、お客様がおっしゃったコトニーズを活用し、ご要望にお応えするトークをクロージングトークとして捉えましょう。

3
接客を振り返る、その基準は？

接客を振り返ることは次の接客販売への修正とリセットのタイミングでもあり、有効な時間です。接客を振り返った時、大きな目安として数字があります。しかし、その日の数字（売り上げ）は大切ですが、お買い上げいただけなくても数日後にご来店いただくケースもあります。お客様との会話から引き出したライフスタイル情報をベースに、ご提案しながら楽しく会話する、お客様と気持ちが繋がったと思える瞬間がありますす。そんな場面に遭遇できると、お客様も私たちも心に残る接客だったと思うことができますね。

では「心に残る接客だったと思う」その基準は何？　と考えた時、私は「レター」をキーワードにしています。

ブランドによっては、個別のお客様にレターを出さないと決めているところもありますが、レターを書く、書かないにかかわらず、今日の接客でお客様と私しか知らない特別な心のレターが書けるかどうか。ロールプレイングでのフィードバックについて「今のお客様にレターを出すとしたらどんなことが書けますか？

お客様と私しか知らないフレーズがどれだけ書けますか？」と質問するようにしています。

「レター」というキーワードで振り返ると、接客のグッドポイント、チャンスポイントを明確に振り返ることができます。

グッドポイントとして、「お客様のライフスタイルに触れる楽しい会話」に繋がったり、「お客様を楽しませようと会話を広げることができる」、そんな会話が今の接客では求められています。そしてそれができていたのなら、仮にレターを書くと考えた時、容易に文面が思い浮かぶほど、深くお客様に寄り添った内容を書くことができるでしょう。

一方のチャンスポイントとは、接客内容にもっとチャンスがあると考え、「お客様の趣味の話に対してもっと掘り下げた質問ができたら良かった」や「お客様からいただいたキーワードをスルーしている」「商品の紹介に偏り過ぎる」など、改善するポイントを見つけることでお客様との会話が弾み、気持ちが繋がりやすくなることがポイントということになります。

まとめると、お客様の心に残る接客の目安は、「お客様だけへの心のこもったレターが書けること」なのです。

4　一日に1人でもいい、「ありがとう」と言ってくださる接客を

私が初めてお仕事についたドメスティックコスメブランドで大切にしている言葉がありました。それは「一日に1人でもいい、『ありがとう』と言ってくださるお客様をつくること」というものです。

私たち接客業では「ありがとうございます」という言葉は挨拶のように一日に何回も使う言葉ですが、お客様から「ありがとう」をいただくことは本当に大変なことです。当時、私はこの言葉をあまり深く考えずに仕事をしていました。目の前のことで精一杯で、理解はできていますが、心に刻んでまで仕事はできていなかったように思います。振り返ると仕事で辛いことがあっても、うまくいかなくても、お客様から「ありがとう！　お名前は？　いつもこの店舗にいるの？」と言われることがあると最高

に幸せな気持ちになったことが思い出されます。

研修の仕事をするようになって、スタッフの皆さんに「この仕事をして良かったと思ったことはありますか？」と質問すると、必ず「お客様からありがとう！と言っていただけた時です」と答えてくれます。この言葉はお客様に喜んでいただけた時だけでなく、私たちスタッフの「仕事に対する幸福感」を持たせてくれていたのだなと、今になって深く感じることができます。

クロージングを行い、お客様が「買い

物で幸せな気持ち」になれた時、帰り際に「ありがとう」と言ってくださるシーンを楽しみに、お客様の気持ちに沿ったクロージングを！　そしてスタッフがこの仕事をして良かったと思えるシーンを教育する側がつくっていきたいと思います。

第6章

お見送りは記憶に残すチャンス！

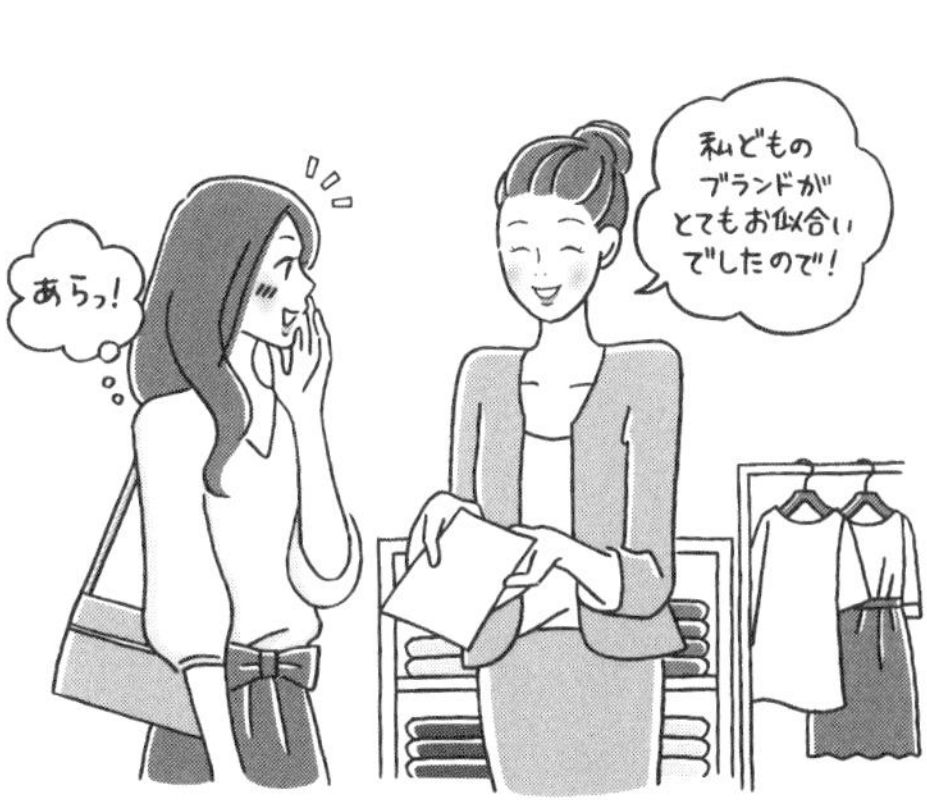

あらっ!
私どものブランドがとてもお似合いでしたので!

1

出口までのお見送りをする時は

お客様を良い気持ちでお見送りすること、特に初めてのご来店でお買い上げいただいた時は、中でも特別な気持ちでお見送りする時間です。

そしてお客様も初めて訪れた店舗で買い物をして、気持ち良く笑顔でお店を出られる光景を目にします。

細かいことですが、お買い上げいただいた時のお見送りについて、お店の出口までスタッフが商品をお持ちしてお見送りすることについて違和感をもつお客様もいらっしゃいます。

このことについて是か非か、物議を醸し始めて数年経過しておりますが、現在はお店の雰囲気や方針に合わせてルール化しているようです。お見送りは接客ストーリーのクライマックスであり、とても重要なシーンです。しかし、お見送りに至るまでの接客内容がお見送りの精度を左右します。レジから店頭出口までのほんの10秒ほどを気まずく感じてしまう理由として2つ考えられます。

1つは、商品のお話ししかしていないため会話が思いつかない。2つめは無言で商品を販売スタッフが持ってお見送りされることの意味がお客様にとって「無」であるからです。

また、買い物は終わったが、「もう少し滞在して商品を見たかったのに」と思うお客様もいらっしゃいます。商品を持ってお見送りされてしまうと店舗を出るしかなくなりますね。型にハマったマニュアル通りの接客は終わりまでチャンスを逃します。あなたの店頭のお見送りはいかがですか？

2 リピートしていただくために活用したいフレーズ

決められたルール通りにお客様へ商品をお持ちしてお見送りすることは、基本のアクションであり、決して悪いことではありません。そのアクションにプラスして、おうかがいしたお客様との会話や、本日のこれからのご予定など、気持ち良く笑顔でお店を出られ、店頭のイメージを「楽しかった！」と印象づけたいのです。お買い上げいただいた大切なお客様の商品を少しの時間持たせていただくことが、お買い物のお手伝いのフィニッシュと考えましょう。

お客様から「ありがとう！」と言っていただけるチャンスポイントを逃さないよう、私たちも最高の笑顔で、お客様が笑顔でお帰りになることを目標にしましょう。

また、この時のお見送りの際のトークが重要で、「ありがとうございました。またどうぞお越しくださいませ」は、当然これまでの接客ならば普通にアリですが、あくまでも「普通」であり、お客様の印象に残るフレーズではありません。

目の前のお客様と会話した内容、これからのお天気、これからお出かけになるお食事の話など、お客様を気遣い、楽しいイメージのままお帰りになれることを考えて言葉を発することを忘れずに。これまで実施していなくてもお客様それぞれのライフスタイルに触れて接客する習慣がつけば自ずと言葉が出てきます。リピートに繋がる接客は最後の印象までしっかりと‼

具体的なフレーズについては、一例として次のページに図で示したので参考にしてください。

リピートに繋がるフレーズイメージ

お客様から「ありがとう！」と言っていただけるチャンスポイントを逃さないように！　お客様が笑顔でお帰りになることを目標にしましょう。

本日はありがとうございました。来週の銀座でのディナー、こちらのワンピースで楽しんできてくださいませ。次回お近くにお寄りいただいた時にお写真を見せていただけると嬉しいです！

本日は初めてのご来店ありがとうございました。この商品が週末からのお客様の京都旅行で活躍しているシーンを想像するととてもワクワクします。気をつけて行ってらっしゃいませ！

本日はお仕事のお忙しい中、ご来店いただきましてありがとうございました。来週からの大阪出張での会議でプレゼンが成功しますようお祈りいたします。

本日は大切なお嬢様のお顔合わせのお洋服を私どもでお選びいただきまして、ありがとうございました。次回はぜひお嬢様とご一緒にいらっしゃってください。お待ちしております。

リピートに繋がる接客は最後の印象までしっかり！

3 カスタマーカードのいただき方

初めてのご来店でお買い上げいただけたら、必ず次のアクションを起こせるようにお客様とご連絡の取れるきっかけを逃さないようにしたいものです。これまでの入店からお見送りまでのステップでお客様との会話を活かした接客であれば、最終的に新規（初めて購入に繋がったお客様のこと）獲得のチャンスは大いにあるはずです。

時代も変わり、現在はアプリで管理できるモバイル会員登録も多く、顧客管理の方法も多種多様となりました。しかし、モバイル会員登録の際に初回に限り割引がある場合を除き、新規獲得は販売スタッフのコミュニケーション力が大きく作用します。

個人情報保護法を厳しく言われるようになり、私たちの店頭でも顧客管理に神経をつかい厳密に管理することを要求されますが、積極的な顧客獲得をしていかなければ、こちらからの発信はできず、待ちの姿勢では未来は見えません。

では、どのように顧客情報を取得するトークを使っているでしょう? 店舗でのトレーニングではほとんどのブランドで「初めてのご利用ですか? 私どもからお知らせはお送りしていますでしょうか? よろしければ、新商品のご案内をお送りさせていただきたいので、こちらにお名前とご住所をいただけませんか?」、この決まりきったトーク、経験上、99%どちらのブランドでも使われています。そして、ほとんどのお客様は「あまり買わないから」や「お知らせはたくさん届くからいらないわ」「また来るから」などで断られるケースが多いのです。本書を最初からお読みいただいた方はもうお気づきだと思います。そう、このトークはお客様にカスタマイズしていません。

そして、すべてがこちら都合だからです。カスタマーカードをいただくこと自体が私たち側の希望ですから、ここは気持ちを伝えることが重要です。「私どものブランドがとてもお似合いでしたので」「次の◯◯にお出かけになる時もぜひご利用いただ

私どものブランドがとてもお似合いでしたので！
あらっ！

けたらと思いますので」など、お客様とまた楽しいお話をさせていただきたい、お会いしたい！　お客様と繋がりたいという気持ちを表現しながら、お客様にメリットのある、「限られた冊数しかないのですが、カタログをぜひお客様にお送りしたい」など、「お客様だから」「お客様には」などの特別感を表現して顧客獲得にチャレンジしてみましょう。私たちの新規獲得のためのアクションの見直しが、桁違いの新規獲得数に繋がります。

なお、私がトレーニングさせていただいているN社様の大型店舗では来店客

カスタマーカードをいただく際のトーク

積極的な顧客獲得をしていかなければ、こちらからの発信はできず、待ちの姿勢では未来は見えません。

✕ 効果のないトーク

「初めてのご利用ですか？　私どもからお知らせはお送りしていますでしょうか？　新商品のご案内をお送りさせていただきたいのでお名前とご住所をいただけませんか？」

理由　お客様にカスタマイズしていない。
こちらの都合でしかない。

○ 効果のあるトーク

「私どものブランドがとてもお似合いでしたので」

「次の◯◯にお出かけになる時もぜひご利用いただけたらと思いますので」

「限られた冊数しかないのですが、カタログをぜひお客様にお送りしたい」

理由　スタッフが気持ちを伝えている。
お客様にメリットがある。
特別感を表現。

カスタマーカードの獲得と売り上げは比例します！

が多いため、新規獲得に対して積極的ではありませんでした。他店に比べると圧倒的に新規のカスタマーカードの獲得が少ないのです。それでも日々の売り上げが大きいため緊張感がないように感じました。

営業担当が他店とのカスタマーカードのゲット率の比較を出すと、N社様の数字は非常に低く、店長も数字を見て驚いていらっしゃいました。社内でもスタッフのレベルや店舗の規模を考えると他店の見本になって欲しいからです。

そこで、新規カスタマー獲得のためのインナーキャンペーンを計画し、実施することとなり、店舗で新規のお客様がお買い上げになると接客を担当したスタッフ以外のスタッフも注視し、カスタマーカードのおすすめを本人が忘れていたら、横からさり気なくカードとペンを出して促していくなどのアクションを始めました。

また、ありきたりなトークではなく、お客様のパーソナルなカスタマーカードを獲得するトークも各自ロールプレイングでメモをとり、お客様に合わせたトークで新規獲得の活動を行っていった結果、前年の150％のカスタマーカードを獲得することができました。

何のためにカスタマーカードを獲得するのか、それにより売り上げに波をつくらない顧客管理で年間の売り上げを伸ばしていくことを全員に浸透させることができた1か月でした。しかし同時に、ここから再来店、そして顧客の固定化を図るための始まりの月でもあります。日々の積み重ねが店舗全体の未来に繋がるのです。

4 プレシャスメソッドでフリー客獲得360％！

入店からお見送りまで大切なお客様とライフスタイルを中心に楽しく会話をして、その会話の中から自店でご提案できる商品やお客様へのアドバイスを行い、記憶に残る接客を日々考えながら目指していく。既存の顧客様はもちろん大切な存在ですが、私たち物販は新規顧客を獲得していかなければ未来は見えません。様々な企業の店舗コンサルティングに携わらせていただいていると、研修と実行と成果が比例しなければ、期待できる数字をたたき出すことはできません。

ある国内アパレルL社様での事例をお伝えしたいと思います。これまで素晴らしい実績を残し、百貨店アパレルナンバーワンの実績をつくり上げ、売り上げもさることながら、店長の実力、人間力、トレーニングにおいても他社から憧れの存在という評判の企業です。私に研修のお話をいただいた時は正直、私には大き過ぎる依頼であり、私にお伝えできることはあるのだろうか？　と不安になりましたが、企業様のご好意で店舗に入って研修内容をチェックするチャンスをいただきました。

店長とミーティングを行い、数字を拝見させていただき、全体の数字の厳しさや、特にフリー客の減少が毎年前年割れという現状に、私も厳しさを感じ取りました。顧客様よりも、次世代の顧客獲得のためにフリーのお客様を獲得したい、という強い希望でした。

某企業様での集合研修の様子

まずは店舗に入りＯＪＴを行い、接客の傾向をチェックしたところ、言葉遣い、店舗の雰囲気、姿勢、清らかな空気感は、これまで研修を行ってきた他社とは大きな違いを感じ、なるほど素晴らしいと言われてきた所以も納得しました。

しかし、プレシャスメソッドに当てはめると圧倒的にモノ寄りの接客です。現状にテクニックが加わると企業様のお望みは叶えられると確信し、研修をお受けすることになりました。２回コースの１回目の集合研修を受け、次回の研修までに習得した内容を店舗でアクションプランに基づいて実施し、研修にて成果を発表する流れですが、研修した私が驚くほど忠実に成果を出してくださいました。

これまでほとんどの店舗が毎年前年を割る成績でしたが、なんと最高はフリー客獲得360%。半数が200%以上、そしてほとんどの店舗が100%以上の成果でした（前年同月比）。

まずはしっかりとした基本となる土台があり、その上にお客様のコトガラに触れるマインドアプローチ、コトニーズのヒアリングを中心としたプレシャスメソッドのテクニックを活用していただいた結果です。ここまでの成果はどんな店舗でも出せるとは言い切れませんが、私が考案したこの接客メソッドであれば、必ず成果が出せると確信しました。

第7章

セール時の心得

1 割引だけでアピールしない

ここまでは、コンサルティングセールスの視点で接客販売をお話ししてきましたが、ここからはセール時の割引に負けない接客メソッドについてお伝えしたいと思います。

年間少なくとも2回セールの時期が訪れます。割引があるため販売は有利となりますが、割引の売り上げ金額をカバーするために、セット率、客単価を上げることが求められます。セール時、現場でのアプローチトークから接客の内容を振り返ってみます。まず、現場でのトークは「ただいま、こちらのコーナーは30%オフとなっております」でしょうか。お客様はニッコリ頷いてくださいますが、しかし、そこから先の会話は広がりにくく、一旦お客様から離れる流れとなってしまうと、次にアプローチにチャレンジすることは上級者技となります。特にセール期間中はより多くのレジ客数を目標にしており、スタッフも普段の接客のようにゆっくりと会話することができない雰囲気に飲まれてしまいます。

しかもお声がけの内容が割引となるとお客様のニーズ引き出しのタイミングがつかみにくいため、結局レジまでの接客の時間は普段と変わらない、そしてセット率も変わらない、あるいは低い結果になってしまうのではないでしょうか。もちろん客数は多いためレジ客は増えますが、内容の分析をしていくと忙しい割に内容が充実しないという結果となります。

ポイントは接客の「最初と最後は普段通り」に、しかし、途中の会話は商品提示のための会話に集中することです。その時期は「なにかいい物があれば……」と、特にニーズのないお客様も多く、ニーズがつかみにくいというスタッフさんも多いのですが、そこは普段のライフスタイル、お客様の本日のスタイルからニーズに触れれば良いのです。

スポーツブランドA社での事例を紹介します。セール時はお客様数が多いため、その時期のトレーニングは実際のお客様との接客をインカムで聞きながら私は店舗の隅でスタッフの接客内容を聞き、フィードバックするという方法をとっていました。

1スタッフ1時間の持ち時間で、フィードバックするのですが、セールとなると先程お話ししましたように、「現在、2点ご購入いただきますと更に10%オフとなります」などのセールの割引アプローチとなり、お客様は頷いてはくださいますが、会話には繋がりません。

既にトレーニングを始めてから40分ほど経過し、接客にヒットしないため一度中間フィードバックを行いました。「マインドアプローチをしないと接客に繋がらないですよ」「あ、そうでした！」。これまで毎日のようにセールの前の時期までマインドアプローチのトレーニングを朝礼で行っていたブランドですから慣れているはずです。

そこから、そのスタッフの彼はある男性のお客様に「お客様、カッコイイキャップ被っていらっしゃいますが、どちらのブランドですか？」と思いきって話しかけました。お客様は嬉しそうに「◯◯というところのなんです～」から始まり、詳しくその

お好みのポイントを話してくれ、「実は欲しいものがあったんですけど」と新商品の質問をされ、数十万円の予約に繋がりました。

また、その日、別のフロアでもマインドアプローチからカップルのお客様のお買い上げに繋がりました。セールでは、割引していることはポップなどで表示しているため、あえてアプローチトークには使わず、普段通りお客様のご様子から声がけすることがレジ客への早道だということを忘れてはならないのです。

そして、お客様が複数店内にいらっし

やればお1人に集中せず、複数接客をすることに慣れることが重要となります。私のこれまでの経験から、1人で3人までの接客であればお客様をお待たせすることなく、スムーズにレジ客に持ち込むことが可能です。ここは店舗のトレーニングとチームワークも大きなポイントとなります。

店舗での複数接客のトレーニング方法は「3 繁忙時の複数接客」の中で後述します。ここで必要になるチームワークですが、複数接客中に販売スタッフが離れた際に、再度違うスタッフから声がけされるケースも見かけます。販売スタッフは他のスタッフの様子を確認し、お声がけしているお客様に何度も話しかけることがないよう「おうかがいしておりますか?」と声をかけて気配りするなど、スタッフ同士の連携も重要です。

2
セール時は新規獲得のチャンス！

セール時期となると「忙しい」という理由から、新規獲得のカウントは取らなくて良いという方針の店舗が多くあります。このことはセールをしない化粧品業界出身の私にとってはかなり衝撃でした。セールは、多くの初めてお目にかかれるお客様にご来店いただけます。「いつもは違うお店に行くんだけど」と、興味を持ってのぞいてくださりお買い上げいただけたお客様は宝物です。たとえ小物一つのお買い上げであったとしても、新規獲得でリピートに繋がることによって、年間の大きなお買い上げに結び付く可能性大だからです。私が実際に店舗に入店し、年間のお買い上げが数百万円となる常連のお客様の初めてのお買い物はセールだったというケースに出会います。化粧品で言うお試しのスターターキットと同じです。化粧品業界のスターターキットはこの小さなきっかけから年間のお買い上げに繋げる最大のチャンスと考えています。こんな時代だからこそ小さなお買い物、セールで興味を持つきっかけとなったお客様を大切に、「またお会いしたい！」という気持ちでご連絡先をいただきましょう。来年の今頃は常連のお客様かもしれない、そんな期待を密かに持ってワクワクしてセールの接客に挑んでみてはいかがでしょう。

セール時に、1人のスタッフがアプローチからレジ、お見送りまでトータルで接客できない大型店舗の場合は、接客からフィッティング担当までの申し送り、レジ担当は事務的にならないように笑顔でひとこと掛けるなど工夫していくと、その場だけでなく、リピートに繋がったというケースも実際にあります。

POINT

アプローチ～商品提案→フィッティング担当へ申し送り（「○○のシーンで着用されるそうです」など）、レジでは、「良いものをお選びになりましたね」や「お似合いになりそうですね」など、担当がお見送りできない分、レジでの何気ない会話はお客様の気持ちをアップさせます。お包みで手を動かしながらのトークですので、忙しくて無言になりがちな私たちの表情もお客様と心を繋げるシーンとなりますね。

3 繁忙時の複数接客

セールの時期でなくとも、一日の中でお客様が集中する時間帯があります。店舗の販売スタッフが1対1で接客できない場合、あきらめずに思いきって複数接客に切り替えてみましょう。繁忙期前にロールプレイングで実践してみるとお客様の気持ちとお客様から離れる時のタイミングをつかみやすくなります。

最初のロールプレイングは3人チームで接客のコツをつかみます。1人がスタッフ役、2人（A、B）がお客様役でほぼ同時に入店します。ファーストアプローチとマインドアプローチをA客にかけ、簡単にニーズを引き出し、該当しそうな商品へのご案内をして自由にご覧いただくようにします。「また戻って参りますのでご自由にご覧ください」と笑顔で伝えたら、続いてB客へスイッチします。B客にも同様に該当商品をご案内し、「戻って参りますのでごゆっくりご覧ください」と伝え、A客へ戻ります。商品を選んだお客様へ簡単にアドバイスしフィッティングへご案内、その間にB客へ戻る。この順番で繰り返すことで、普段よりもカジュアルなコンサルティングセールスを行うことが可能です。販売スタッフ側としては「お客様から離れることが失礼にならないか」「離れるタイミングが難しい」という悩みが出ますが、お客様役の声として「意外に自由に見ることができてセールを楽しめた」、「『また戻ってきます』の言葉があるので、ほったらかしにされるネガティブな感情はなくなった」と、皆さんが懸念する内容はクリアできます。

気をつけたいことは、接客する時の立ち位置です。A客を接客する際はB客の動きを見逃さないような立ち位置にいるようにします。実際に私もお客様役になって複数接客を受けたことがありますが、全く別のお客様の存在を感じることなくきちんとした接客を受けることができました。また、少し自由な時間が持てるのもセール時ならではの活気ある雰囲気を味わえます。

繁忙期にこの複数接客を活用したある店舗では、入社間もないスタッフ含め、全員が同時に４人の複数接客を行い、繁忙期の目標数字を達成しました。繁忙時の接客は、一客に集中してセット率を目指すより入店していただけたお客様全員に接客する複数接客を実施することが繁忙期の数字をつくるポイントです。そしてセールが落ち着いた時期にセールで接客したお客様を固定化できるよう、再来店を促しましょう。

POINT

セールの必勝ポイントは次の通りです。

・割引トークでアプローチせず、マインドアプローチでアプローチする。

セール時の複数接客のロールプレイング

セール開催中のアパレル店を想定して、スタッフ役、A客役、B客役の3名で行います。

A客、B客がほぼ同時に来店した場合です。

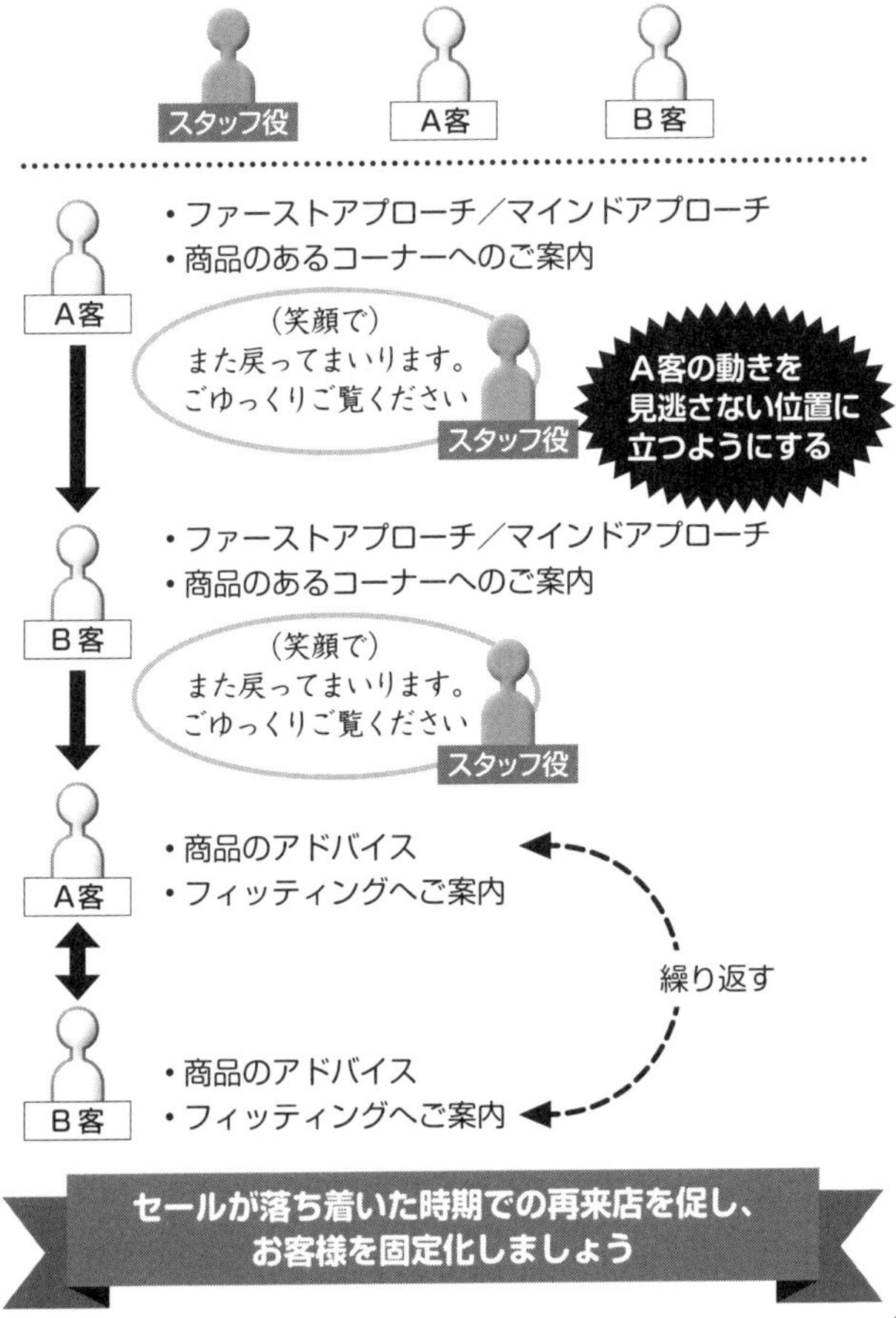
スタッフ役
A客
B客
A客
・ファーストアプローチ／マインドアプローチ
・商品のあるコーナーへのご案内
（笑顔で）
また戻ってまいります。
ごゆっくりご覧ください
スタッフ役
A客の動きを
見逃さない位置に
立つようにする
B客
・ファーストアプローチ／マインドアプローチ
・商品のあるコーナーへのご案内
（笑顔で）
また戻ってまいります。
ごゆっくりご覧ください
スタッフ役
A客
・商品のアドバイス
・フィッティングへご案内
繰り返す
B客
・商品のアドバイス
・フィッティングへご案内
セールが落ち着いた時期での再来店を促し、
お客様を固定化しましょう

- 使用するコトニーズは必ずうかがって提案する。急ぐあまりニーズをうかがわずに提案すると、決定力に欠けるばかりか、時間がかかった結果、レジ客に繋がりにくい。
- 複数接客が必要な場合は必ずロールプレイングでお客様役、販売スタッフ役を体験し、お互いの気持ちをすり合わせてから実施する。その際の立ち位置も考慮してトレーニングする。
- セールが終了した時に接客トークが話せなくならないよう、セール時でも客数に余裕がある時はコンサルティングセールスを行っておく。
- 会社施策により、2点以上購入で更に割引などがある場合、購入後に追加のトークではなく、ニーズをうかがった時に点数をそろえて提案する。最終的に2点以上となり、更に割引対象の分まで提案しておくことはお客様にとってメリットがあり、売り上げにも直結する。

第8章

リピートに繋がる
アフターフォローの極意

1 接客内容でアフターフォローの運命が変わる

第1章から第7章までは、1回の接客でお客様の記憶に残る忘れられない接客を目指し、お客様の心やライフスタイルに寄り添い、固定客化するための接客メソッドについてお話ししてきました。ここからはお買い上げいただく、いただかないにかかわらず心を繋ぎとめるためのアフターフォローについてお話ししていきたいと思います。

店舗から出られ、お客様が自宅に戻られて本日の接客をきっかけに購入した商品のパッケージを開いてみた時、接客の会話や販売スタッフの顔や印象が残っていることが重要です。そして接客にご満足いただいて商品も気に入り、その日は感動に満ちあふれていても、日が経つにつれ、残念ながらその感動は薄れていきます。

そこで、「売って終わり」ではなくお客様の「記憶に残る接客ストーリーの続き」

としてアフターフォローは重要な役割を果たします。顧客化（固定客化）への目安として3回の来店が一つの目安となっています。お店にとっては3回来店されて初めて「顧客」として認識できるということです。

接客の善し悪し、またリピートに繋がる接客内容であるかどうかの目安として「手紙が書ける接客であるか」がキーワードであると先に述べました。手紙を書かないブランド（会社からの一斉メールでのアフターフォローや店舗からのメール）であっても、受け取るお客様の印象は初回の接客内容次第です。印象に残る接客であれば、その手紙やメールの差出人である販売スタッフのことを思い出し、お客様も笑顔で読んでくださることでしょう。

どれだけ「印象に残る楽しい時間を過ごせたか」、忘れられない接客でその後のアフターフォローも生きた再来店を促す活動に変わります。

2 電話が苦手なスタッフへのアドバイス

接客で会話を楽しみ、特別感を得られたお客様は電話のアフターフォローを承諾してくださることも少なくありません。この電話のアフターフォローにこぎつけることは、お客様も接客に感動し、かなり信頼感を得られているというバロメーターと考えて良いと私は思っています。電話の効果は非常に大きく、お客様の生の声で商品への反応や私たちへの印象もすぐに感じ取ることができます。

以前のように電話番号をスラスラと書いてくださるお客様は現在ではあまりいらっしゃいません。しかし携帯電話が普及し、ご家族を介さなくても直接お客様とダイレクトにお電話ができるようになりました。私たちにとっては最高のアフターフォローのチャンスです。アフターフォローで一番効果的であるのは1位電話、2位直筆のレ

ター、３位メールだと考えています。しかし、せっかく「お電話ＯＫ！」と言ってくださったお客様に対し、スタッフによっては電話に対する苦手意識があり、キャンペーンのお知らせだけで精一杯という人も少なくありません。また、店長が電話に対して苦手意識があると店舗全員が電話のアフターフォローから遠くなってしまいます。電話をかけることに慣れると何ともないことですが、若いスタッフですと携帯電話の普及から実家の電話取り次ぎの経験もないケースも多く、電話のアフターフォローは緊張して、思

サンキューコール

タイミングは、ご購入から１週間後がベストです。お客様のライフスタイルを考えた時間帯にコールします。

1 お礼

先日はお足元の悪い中私ども◯◯へご来店いただきましてありがとうございました。あの後のお待ち合わせ、間に合いましたでしょうか？

↓

2 確認

先日、お買い上げいただきました◯◯はお気に召していただきましたでしょうか。同窓会でお召しいただけるということでしたが、何か不具合などございませんでしたでしょうか？

↓

3 反響

とてもお似合いでいらっしゃいましたので、お友達の皆様もイメージが変わったと驚かれたのではないでしょうか？

↓

4 提案

普段や会社でのオフィスカジュアルにもお持ちの細身パンツと合わせていただくと活動的に着こなしていただけます。

↓

5 アドバイス

その際は、ヘアスタイルもアップにしていただくと◯◯様のキュートなイメージが更にアップすると考えておりました。その時はちょっとだけヒールのあるサンダルだと素敵だと思います。同じ商品でも合わせ方によってイメージが変わりますのでいつでもお気軽にご相談くださいませ。

うように話せないという方も多いのが現状です。まずは、お礼の「サンキューコール」から始めてみましょう。

サンキューコールのタイミングはご購入いただいて1週間後。お客様のライフスタイルを考えた時間帯です。

1 ご購入のお礼
2 使用感、不具合などの確認
3 周りの方からのお声などの反響
4 使い勝手やコーディネートの提案
5 季節や現状の使用について関連したアドバイス

以上です。決してセールスの電話ではないという認識をこちらが持ってお電話すると、お客様は「ありがとう」と言ってくださいます。そうすると、電話をかけて良かったという気持ちと自信がスタッフに生まれ、電話に対する苦手意識が消え去っていきます。苦手意識は声にも現れ、決して良い効果は生まれません。

お電話はお客様との強いパイプを繋ぐための大切なツール。時間も経費も最小限で絶大な効果が現れます。

3 アフターフォローのタイミング

アフターフォローのタイミングも大切です。お客様が商品を購入されてから、時間の経過とともに、アフターフォローのタイミングも変わってきます。店舗トレーニングでよく目にするのは、ご来店当日にサンキューレターを書き、その日に投函するスタイルです。早ければ翌日にハガキが到着してしまいます。私の経験した効果的なサンキューレターのタイミングは購入して1週間後にお客様にレターが到着するタイミングです。理由は、翌日や2日後くらいですと、まだ接客の余韻が残っていて記憶に新しいからです。もちろんそれでも悪くはありませんが、この先の再来店を考えてアフターフォローをするのならば、もったいないからです。また、翌日から2日後くらいでは購入から日が浅すぎてまだ使用していない可能性も高く、使用感や着用感、不具合の確認が難しいのです。1週間～10日の間にレターや電話のアフターフォローはお客様の記憶を呼び起こし、忘れすぎていない絶妙なタイミングなのです。しかし、投函するタイミングはその日だとわかりやすいですが、1週間～10日など逆算が面倒であったり、タイミングを崩しルーティン化しづらいと思います。

そこで、私が推奨しているのは、狙った日付の2日前に投函するために1か月31日のインデックスをつけた箱作戦という方法です。接客当日、お客様を接客した内容が記憶に新しい時にサンキューレターを記入し、到着させたい2日前の日付に入れておき、2日前のその日の帰りに投函します。同じお客様にサンキューレターを出すならば、電話も同様に効果的なタイミングを狙って連絡したいですね。

4 アフターフォローのテーマに徹すること

アフターフォローには種類があり、最終的な目的は「再来店を促したい！」というものですが、顧客数が多くなれば費用もそれなりにかかってしまいます。アフターフォローのタイミングでも効果的な日程を狙って投函することを前述しましたが、目的や狙いを明確にすることが大切です。実際にお客様のご自宅にレターを送ったり、電話をかけるわけですから、デリカシーに欠けると二度とフォローできないばかりか、クレームに繋がる可能性もあるからです。

アフターフォローのタイミングで述べた、サンキューレターの他に、久しくご来店いただいていないお客様に送るコミュニケーションレター、催事やキャンペーンのご案内の販促レター、お客様のお誕生日に送るバースデーレターなど目的は様々です。

ここで注意したいことは、お送りする目的に徹したレター内容であるかどうかということです。

販促レターは明確に販売促進の内容をお知らせする目的ですが、例えば、お誕生日に送るバースデーカードはお客様にとって嬉しいカード。たとえ業務上だとはわかっていても、お花やリボンなど美しいカードをいただいて悪い気持ちにはならないと思います。しかし、ここで注意したい点は、あくまでもお誕生日のお祝いカードということです。レターの最後の2行にキャンペーンや来店を促すコメントを入れず、心からお祝いしている気持ちを表現したバースデーカードに徹しましょう。これは電話でも同じことです。

メッセージの種類とメリハリを考えて、こちら側の都合にならないメッセージ性の高い効果的な電話がけやダイレクトメールになるようにしましょう。

アフターフォロー

アフターフォローのレターには基本の４つがあります。型通りの文面にならないように、テーマをもって対応します。

1 サンキューレター

先日は○○をお買い上げいただきましてありがとうございました。ご試着の際には、女性らしい○○様のイメージが一変し、とてもカッコよく着こなしていらっしゃいました。火曜日の会議でご使用になるとおっしゃっていたので、いつもと違うイメージがお気に召していただけたか気になっております。

2 コミュニケーションレター

○○様、毎日暑い日が続いておりますが、いかがお過ごしでしょうか。お仕事が忙しいとおっしゃっていましたので、気になってお手紙を書かせていただきました。私も今年は夏バテしないようジムに通いはじめました。少しだけスリムになった私を秋には見ていただけるように頑張っています！
まだまだ暑い日が続きますが、少し涼しくなりましたらお仕事の気分転換にでも遊びにきていただけますとても嬉しいです。

3 販促レター

いつも私ども○○をご愛用いただきましてありがとうございます。○月○日より秋のフェアがスタートいたします。こちらのハガキをお持ちいただいたお客様先着 50 名様に素敵なプレゼントをご用意いたしておりますのでご来店お待ち申し上げております。（会社、商業施設の規定に沿った内容）

4 バースデーレター

○○様　お誕生日おめでとうございます。ご家族様に囲まれて幸せなお誕生日をお過ごしのことと存じます。今年一年が○○様にとって健康で楽しい年になりますようお祈り申し上げます。（あくまでもバースデーレターに徹し、ご来店を促したり販促の文面を入れない）

5
心に残る、捨てられないレターを書く方法

お客様にレターを送る時、スタッフが書いたレターの内容を店長が確認して投函するという流れが当たり前になっており、誤字脱字のチェックとともに内容のチェックもされていますが、どこに注目してチェックしていますか？　店舗でのレターの内容を何件かチェックしていますと、スタッフによって内容の深さにかなり差があることに驚きます。

売れているスタッフは口頭のコミュニケーションだけでなく、レターにも心からお客様のことを考えていることが文面から伝わってきて、私がこのレターをもらったら捨てることができないだろうと思えるものもあります。では逆に売れないスタッフのレターはというと、お礼と次の入荷やご案内、再来店の促しのみで終わるという内容

がほとんどで、私だけに向けられたと感じない直筆のレターです。この内容ならば、わざわざ直筆であるという意味は全くなく、どなたにでも送るコピーでも問題ない内容です。心に残らないレターは残念ですが、捨てられてしまいます。スタッフのレター、あるいは自分でお客様にレターを書く時、「この内容はお客様に向けられているか」をしっかりとチェックしてみましょう。このお客様でないと書かなかったフレーズ、キーワードがあればお客様の心に響いているはずです。

こんな時代だからこそ店頭だけの接客ではなく、ご自宅で読んでいただけることでお客様がお店での接客を思い出してくださるようなレターを大切にしましょう。

6 シャネル時代のレター

私がシャネルビューティーで仕事をしていた時代に、本社より直筆のレターを書くように指示された時期がありました。レターの見本があり、そこには接客した際の細やかなお客様とのパーソナルな会話が入っていました。その見本を見た時、私はここまで深いお客様への想いを文字に表せるレターに感動しました。しかし、簡単なメッセージを書くことにしか慣れていない私たちは自分に置き換えてこんな感動的なレターを書くことができるだろうか⁉　と悩みました。それからパーソナルな会話を意識して接客することが大切なのだと考え、最終的にお客様にレターを出すことを目標に接客内容を深めていきました。

私が決めたルールは、一日1レターが鉄則で、内容はお客様とのパーソナルな会話やお客様が意識していらっしゃることがらを必ず入れていくこと。封筒の宛名書きだけは、ファッションショーの招待状と同じ筆書きです。私たちは接客の内容を考えながら書けるようにお客様のカルテにも会話した内容のワンフレーズを忘れないように意識的にメモに残し、直筆のレターにしました。するとそれを受け取ったお客様がご来店になり、こうおっしゃいました。

「手紙ありがとう！　あんな素敵なお手紙をいただいたのは初めてだったから嬉しかったわ！　休憩にでも食べてね」

そしてレターに対する気持ちとともに、お菓子の差し入れまでいただきました。その日、ただそれだけのために、わざわざご来店いただけるなんて私たちは感動でした。

アフターフォローでもお客様に感動していただくことはできるのです。「レターを書く」ということは、プライベートで大切な方へ送るレターと同じように、お客様への特別な気持ちを持たなければ書くことはできません。1通のレターでお客様を感動へ導く――にチャレンジしてみませんか。レターが書ける接客は、そのお客様を深く想う気持ちが伝わる、感動の接客に繋がっていくのです。

第9章

商品は違っても売り方は不変

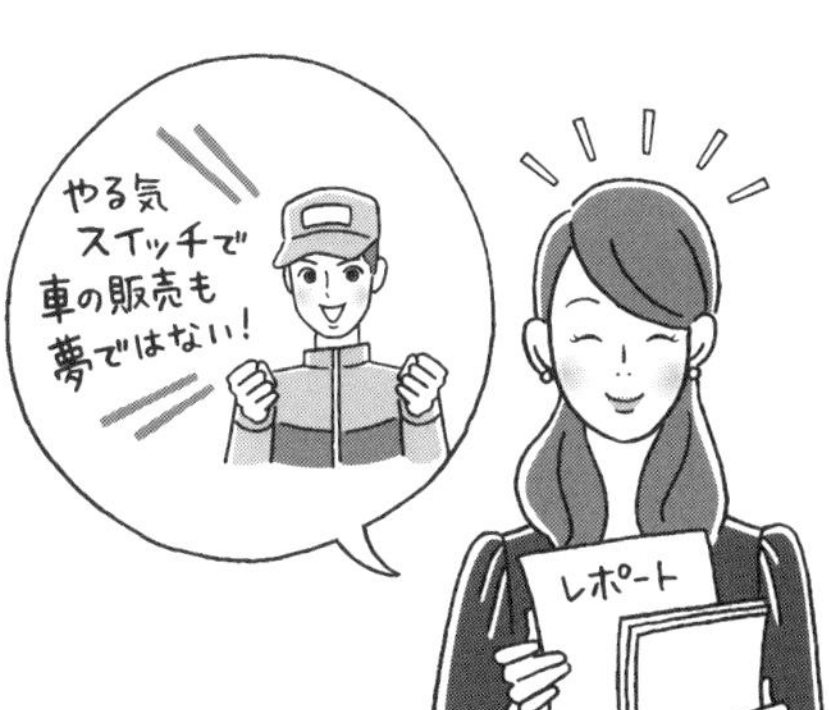
やる気スイッチで車の販売も夢ではない！
レポート

1 時代が変わっても人と人

私が今この本を書きたいと思った一つの要因は、時代や世の中の思想、そしてライフスタイルが変化しているのに、販売する側の私たちの販売方法が変わらないために販売スタッフが世の中に置いてきぼりになってしまっていることをなんとか気づいて欲しい！　という想いがどうしようもなく膨らんできたからです。

「声かけ不要バッグ」の導入など、今では販売スタッフからの接客を受けたくないとおっしゃるお客様を判別できるようにしている企業もあり、ますます販売スタッフの居場所が狭くなってきています。確かに世の中の流れは販売スタッフにとって有利へとは向いていませんが、今一度、私たち販売側も考え方や販売ステップを見つめ直し、接客販売の意味を深く考える時だと思っています。第1章でお話ししましたように、日本の高度成長期から時代は変化し、消費者の「物が欲しい」から「楽しむ時間が欲しい」に嗜好が変化すると、売り方も変化していかなければならないのです。特に今のコロナ禍のように外出が自粛となるとすべてがネット販売に頼ることになり、私たち販売スタッフの出番がなくなりそうですが、こんな時でも強いのは人と人との繋がりです。外出ができるようになったら、「会いに行きたい」と出かけてきてくださるお客様があなたのお店に何人いらっしゃいますか？

ネット販売を上手く進めている企業でさえも、リアル店舗の接客次第でネットの売り上げが左右すると今は考えています。今こそお客様と繋がる接客を見直す良いチャンスです。自粛期間が終わりに向かう中で、お客様の来店が少ない時間こそお客様のためにどのような接客トークが心に響くか、今の接客内容でお客様と心が繋がれるか考えてみましょう。

2 お客様がお店を選ぶ2つの要素

今や日本に存在する商品の多くは高品質であり、100円しない商品であっても品質が劣っていると感じることはなくなりました。特に最近は100円ショップの高品質に注目し、収納やキッチングッズを紹介するサイトや個人が配信しているYouTube動画も人気です。商品が高品質であれば、店選びの基本はどこを選んでも問題なくなります。

例えば「近いから」「安いから」という理由でその店を使うというのも選択肢の一つとなります。しかし、この時代「楽しむ時間」を大切にしたいと考える方が多い中、商品や便利さ安さだけでは判断しないケースも増えました。もちろんそこに「楽しませてくれる販売員」がいることも重要です。そして、もう一つは販売方法がとても重要だと私は考えています。天性の才能があるスタッフも中には存在しますが、そんな天性の才能がある販売スタッフであっても、その企業の姿勢や考え方を最前線でお客様に伝えるのが販売スタッフの役割です。いくら販売促進にお金を使って素敵な広告を出していても、目の前にいるスタッフの接客スキルによってお客様は企業のイメージを捉えます。基本の販売ステップを店舗、企業で統一して、その上に販売スタッフの個性をふんだんにアピールすることが、今を生き抜く接客方法だと考えています。

私は、これまで企業様のロールプレイング大会を企画してきました。その中で勝ち上がっていくスタッフさんの多くにある特長があります。それは、そのスタッフさんの日常の姿とは違う販売スタッフとしての個性です。全く普段とは違う、接客が始まると別の人格に変身してしまう、まるで別人なのです。そして、勝ち抜いていく販売スタッフは個性を持っています。お客様と嬉しそうに目を輝かせて、最初は話すつもりのなかったお客様がドラマに引き込まれいつの間にか主役になってしまうのです。

審査側の私たちは、限られた時間の中で審査をしますが、上位に上がってきたスタッフのロールプレイングの時間はとても短く、もっと見ていたい、物語の続きを見たい、知りたい……と、とても次が楽しみなドラマを見ている視聴者の気持ちになります。たとえロールプレイングであったとしても、見ている全員が笑顔になれるロールプレイング。しかし、それはしっかりとした販売方法に裏付けされたメソッドがあり、ただ楽しいだけではない、販売に繋がる接客です。短い時間の中でお客様を楽しませ、販売と次回に繋がるストーリー性を持った接客が重要なのです。

3 商品が何であっても「お客様に寄り添う」がキーワード！

商品の金額に差があっても便利さや品質だけでなく、企業の姿勢や販売ステップが大切だと前述しました。では、販売ステップは商品が違ったら同じでないだろうと感じられると思います。研修のご提案でお打ち合わせの機会をいただき、通販をメインに旗艦店でも販売されているアパレル企業であるD社様へうかがった際に、スポーツアパレルとの販売方法とどのように違うのかとご質問をいただきました。

「販売方法は同じです」と私は答えました。お客様のライフスタイルに合わせて着用するシーンは変わるからです。むしろ、シューズなどスポーツアパレルの方がお客様の着用目的などは様々ですのでより高いスキルが要求されます。このようにご説明しましたが「スポーツと（アパレルが）同じ販売方法だなんて！」と、その質問者の方は気分を害されてしまったようでした。

現代のお客様は1週間の中で、カジュアルやエレガント、スポーツ、ルームウエアなど様々なシーンに合わせてファッションを変えられます。ある日は高級ブランド、翌日はファストファッションという感じです。もちろん私たち販売側も商品や店舗、地域、お客様の年齢に合わせて接客の雰囲気は変えなければなりませんが、基本の接客スタイルは商品が何であっても「お客様に寄り添う」が鉄則です。

4 お客様から信頼をいただければ高額商品も売れていく

現在は接客販売研修といっても、様々な企業様の研修があります。私がトレーニングさせていただいているガソリンスタンドのスマートコミュニケーション研修でのことをお話しします。

現在、ガソリンスタンドではハイブリット車などの出現でガソリンが売れなくなっている現状を打破するため、ガソリン以外の商品を積極的に販売しています。車検やタイヤ、コーティングはもちろん、車までガソリンスタンドで販売しているのです。

そのため、その研修では全国の様々な企業のガソリンスタンドのスタッフの方が毎年多く参加されます。2回コースの1回目でこれまで本書で述べてきましたように、商品説明から接客に入らないステップを研修で行い、2回目では研修での出来事を振り返るのですが、その時のことです。

若い男性スタッフさんでしたが、会社から言われている、商品説明アプローチの指示を守らず、1回目の研修で言われた通りに1か月間会話（マインドアプローチ）で接客することに徹してみてくれたそうです。彼の場合、意地でも商品説明やおすすめをしないという徹底ぶりでした。

1か月の成果を研修時のディスカッションで語ってくれたのですが、何とこの1か月間で車2台、車検10件、タイヤ交換15件の販売と、いつもより高成績の結果が出たと参加者全員に伝えてくれました。

そして何より彼が成果を感じたことは、お客様の方から商品について興味を持って「質問」されるようになったこと。そしてもう一つの成果は会社に行くことが楽しくなったと発表されました。この研修の対象者は接客販売に慣れていないアルバイトさ

やる気
スイッチで
車の販売も
夢ではない！
レポート

んも含まれていたため、皆さん、彼の発表は興味深く聞き入って、研修レポートにも彼の発表について、「接客に対し苦手意識があったが彼の発表で自分もやってみようと思った」という数名の記載があり、大きな成果を感じました。

その後の彼の成果をレポートでいただきましたが、彼が指導している接客に不慣れなスタッフさんの吸収率はまるでスポンジのようで、「やる気スイッチが入るきっかけがあれば、車の販売も夢ではありませんでした」とのことです。

5 ロールプレイングのすすめ

お客様への接客を見直す方法はただ一つ、ロールプレイングです。ロールプレイングのポイントは商品を購入する目的のお客様設定ではなく、お客様のライフスタイル設定を細かくすることです。この設定によりお客様と繋がることができる会話の練習が可能となります。

様々なお客様のライフスタイルを想像することも大切なトレーニング。私がトレーニング指導に入った時、成績が伸びているスタッフは既に何通りかの設定を考えています。そして、販売員役であるスタッフのできていないポイントを考え、そこをポイントにお客様役に徹することができるのです。ロールプレイングに対してネガティブな考えを持つスタッフも存在しますが、今や時代に合った接客をしていくためには、商品選びと商品説明だけでは勝ち抜いていけないのです。もしもロールプレイングがルーティンになっていれば、その方法を見直し、変えてみましょう。お客様との会話を重視し、心が繋がれたかどうかを中心に指導者からのフィードバックが必要です。

売り上げの数字と新規獲得、リピート率は結果として現れます。そして忘れてはいけないことは、ロールプレイングはスタッフのための練習であり、評価やテストではないということ。テニスの練習と同じ「素振り」です。試合に挑む時は練習するのに、どうしてロールプレイングは躊躇するのでしょうか。化粧品業界ではロールプレイングは新人研修から当たり前に行います。逆に、想定問答がなければ怖いと思えるからです。166ページのシートも参考にして、どのようなお客様にも対応できるようにロールプレイングを「挨拶代わり」のようなルーティンにしていきましょう！

POINT

【お客様役のポイント】 お客様のライフスタイルを設定し、ペルソナになりきりお

客様役をインストール。年代、今日の服装、曜日、来店時間まで設定します。

【スタッフ役のポイント】　お客様のライフスタイルを会話で引き出します。質問攻めにならないよう気をつけます。また商品提示を急がないよう気をつけます。お客様に楽しんでいただくことにフォーカスします。

【フィードバッカーのポイント】　始まる前に「頑張って！」と言わない。終了時に「お疲れさま！」「緊張した？」もNGワード！　あくまでも練習であり、頑張れと言って販売員役を緊張させないこと。練習ですから労う必要はありません。緊張したでしょうと言ってしまうと、できなかった理由が「緊張したから」となってしまいます。また、フィードバッカーが「いつもはできてる」と言ってしまうとすべてが台なしです。更につけ加えると、このフィードバッカーが店長の場合、この店舗のスタッフが成長したケースがありません。店長はあくまでも第三者の立ち位置でこのロールプレイングに対してのフィードバックをします。


皆さんの店舗のロープレ事情はいかがでしょうか？

RPG チェックシート

実施	月　日	名前		チェック者	
お客様設定（テーマ）					

NEEDS	GOOD	CHANCE

◎ ○ △ ×

Ⅰ WATCHING

①笑顔でお迎えの挨拶はできているか。（ファーストアプローチ）	
②動的待機で笑顔でウォッチングはできているか。	

Ⅱ APPROACH ①

①アプローチのタイミングは適切か。	
②ファースト・セカンドアプローチは上手に使い分けられているか。	

Ⅲ APPROACH ②　HEARING（5W1H でコトニーズをうかがう）

①お客様の話を十分に聴き、ヒアリングを行っているか。	
②セカンドアプローチはイエスかノー以外で答えられるアプローチトークか。	
③そのお客様に合わせたアプローチはできているか。（マインドアプローチ）	

Ⅳ CONSULTING

①お客様のニーズ・希望・悩みを解決できているか。	
②お客様のニーズに沿い、商品を絞り込むことはできているか。	

Ⅴ PRESENTATION

①お客様の知りたい商品知識は伝えているか。	
②イメージの膨らむ商品説明はできているか。	
③そのお客様に合った商品提案はできているか。	
④高額商品を理解した上で接客できているか。	
⑤ BRAND ならではのメッセージを感じる接客ができているか。	
⑥ BRAND の今期のテーマ等を理解し、お客様に伝えているか。	
⑦アフターケアの説明はできているか。	

Ⅳ CLOSING

①試着へご案内のタイミングは適切か。	
②クロージングの言葉は適切か。	
③お客様の背中を押すクロージングか。	
④お見送りの言葉は再来店を促すパーソナルな言葉か。	
⑤感謝の気持ちのこもったお見送りができたか。	

コメント（印象に残った内容・メッセージなど）

6 接客業の誇り

私たち接客業は、お客様の気持ちに寄り添いお客様のお買い物のサポート役として時にはアドバイスをし、喜んでいただき、感謝される素晴らしいお仕事です。ただし、今そう思えている販売員さんはどのくらいいるでしょう？

この仕事が好きでなくても生活のために販売というお仕事をしている方もいらっしゃるのかもしれません。もちろん「売り上げ」というキーワードが付きまといますが、販売のお仕事はお客様と接することが「楽しい！」と私たちが思えなければうまくいく仕事ではないのです。

日本のこの業界では「販売員の地位向上」という言葉がありますが、私はこの言葉が嫌いです。販売員の地位が元々低いと同意しているように聞こえるからです。そう

言われてしまう接客も確かに世の中には実在します。だからこそ、私たちはお客様から信頼され、相談される頼りになる存在にならなくてはいけないのです。

「あなたに接客を受けたい」「あなたじゃないとダメ」とお客様に言われたい。そのためには私たちも「お客様だからこそ」「お客様なら」とお客様のライフスタイルを大切に想い、素敵なものにしていくお手伝いをしていくこと。その想いがお客様に伝わった時、ただの「販売員」から「特別な販売員」となります。

私たちの考え方がそれぞれ違うように、

お客様のお考え、お好みも違います。お客様から言われた商品だけを出すことは正しいのかもしれません。しかし、それではその人はお客様からただの「販売員さん」と呼ばれる以上の存在にはならないでしょう。それ以上でもそれ以下でもない、当たり前のことで終わってしまいます。

お客様と会話をし、どのようなシーンでどんな気持ちで今日いらっしゃったかがわかると、もっとぴったりの提案ができるのです。もっと深くお客様を想うことがあなたを「特別な存在」にする近道です。そして「私は特別な存在」だと考えるならば逆にどのようにアクションを起こせば良いのか、トレーニングをしていけば良いか見えてくるはず。こんな時代だからこそ私たちの存在価値を高め、誇りをもってプレシャス（貴重な、尊い、大切な）な存在になれた時、接客販売は心から楽しめる仕事になっていきます。

おわりに

この本を書きたかった気持ち

モノが売れない時代だと言われ、断捨離ブームもあって物販の世界は本当に苦しい状況です。そして、新型コロナウイルスで百貨店が閉鎖されていく中、この本を書き始めました。この状況で私たちの仕事は今後どうなるのか皆さんも冷静に考えられたことと思います。では接客業はなくなるのかというと「絶対になくなることはない！しかし条件つきで……」という歯切れの悪い結論にたどり着きます。

本書で述べてきた通り、生き残れる条件というのは、やはり「人」でした。条件は、「トレーニング脳」に導くことができることだと私は思います。トレーニングを受け入れるか受け入れないかは企業の考え方や方針、「しつけ」によると思いますが、特に店舗のヘッドの考えに大きく左右されます。年間250件ほどの店舗OJTを行っていますと、店舗によりスタッフのトレーニングの進捗率の差は大きく変わります。もちろん数字もさることながら、話し方、表情、メイクやヘアスタイルまで多岐にわたり変化します。私も同じく販売の仕事をしていましたので、売り上げという数字により自分たちのモチベーションがアップダウンし、運命までも左右されるのではないかと感じることさえありました（毎日占いを気にしてみたり、売れた日のメイクをしてみたり）。

店舗での責任ある立場にいると、数字を気にするのは当たり前のことです。スタッフに数字の話をしなくてはなりません。しかし、売りたくない販売員はいません。モチベーションを下げないように気遣って数字のことは言わない店長さんもいらっしゃいますが、売りたいけれど売れないのです。そのためには何をしたら全員がハッピーかと言うと、トレーニングしかありません、トレーニングを当たり前にすること、それが「トレーニング脳」です。基本の流れがつかめたら、その後は「個性を活かす」

のです。しかし、そのトレーニング脳は注意すべき点があり、あるブランドさんは、ロールプレイングの朝練をされるほど熱心で、そのブランド自体が厳しいトレーニングを習慣化しています。確かに同じ価格帯の同業他社と比べても売り上げも高くマナーも良い。しかし数字を分析するとリピートが少ないのです。顧客化されていない現状をどのように考えるのか。私はＯＪＴに入ってみました。すると「なるほど」と思いました。その店舗の店長さんはそのブランドの中でも優秀と言われるカリスマ店長だったのですが、その店舗のスタッフ全員が声のトーンや話し方、立ち居振る舞い、ソツのない接客までも店長にソックリ！　全員同じ人に接客されているような雰囲気でスタッフそれぞれの個性がなくなっています。

その場では気持ちよく接客されても、お客様は家に戻られて接客したスタッフのことを誰から接客されたか覚えていらっしゃるだろうか？　リピートについてはそこがとても重要だと考えます。お客様も様々な考え、お好みもお持ちでスタッフとの相性、波長もある。ということは皆が同じ接客では非常に危険でもったいないのです。

お客様を想う気持ち、それを言葉で表現できること、お客様と想いを共感し自分らしさや個性を殺さずに「トレーニング脳」をもって向上することがこれからも永遠に続く接客業のキーワードです。それがこの本をトレーニングのご担当者様にぜひ読んでいただきたいと思った理由でもあります。ある日、昨日までのスタッフと全く違う接客とモチベーションが変化する瞬間が必ず来ます。

最後になりましたが、本書の出版に際しては私の指導先の企業様から多くの情報をお寄せいただきました。この場を借りてお礼申し上げます。

トレーニングで「人は変われる！」と思える時を楽しみに、この本を活用していただけたら私も幸せです。

株式会社Ｐｒｅｃｉｏｕｓ　代表取締役　宮田佳子

著者プロフィール

宮田佳子（みやた・けいこ）

株式会社Precious代表取締役。1961年生まれ。福岡県出身。株式会社コーセー、クリニークラボラトリーズ株式会社、シャネル株式会社（現・シャネル合同会社）などの国内、外資の大手化粧品ブランドでの勤務を経て、国内大手通信販売化粧品、株式会社ヴァーナルの営業統括トレーナーに就任、トレーナー担当当時の実績として、国内での総売上を過去最高の600億円に導く。その後ファッションとビューティに特化した研修会社のトレーナーにヘッドハンティングされ、豊富な現場経験からの研修スタイルが評判となり、年間100件の集合研修と400件のOJTの依頼を受ける。その後、経験を活かし2014年1月、株式会社Preciousを設立。お客様とのコミュニケーションやご要望、お悩みをうかがった上での接客ストーリー指導は、化粧品業界だけでなく、アパレル、スポーツブランド、アクセサリーなどのファッション関連販売の他、車の販売やスポーツクラブなど多くの企業から好評を得ている。「楽しく、現場ですぐに役立つトレーニング！」を理念に掲げ、自身の接客販売の経験、また長年の接客販売の指導を元に独自の接客法「プレシャスメソッド」を構築し、売れる販売スタッフを育成、指導している。青山学院大学、東京モード学園の講師を経験し杉野服飾大学、杉野服飾大学短期大学部の講師業も行っている。ファッションビジネス学会東日本支部所属。

株式会社 Precious
http://precious-inc.jp

すごい接客《せっきゃく》

2020年11月18日　初版第1刷

著　者 ―――― 宮田佳子《みやたけいこ》
発行者 ―――― 松島一樹
発行所 ―――― 現代書林
〒162-0053　東京都新宿区原町3-61 桂ビル
TEL／代表　03(3205)8384
振替 00140-7-42905
http://www.gendaishorin.co.jp/
デザイン ―――― 中曽根デザイン
イラスト ―――― 竹内舞

印刷・製本：㈱シナノパブリッシングプレス
乱丁・落丁はお取り替えいたします。

定価はカバーに
表示してあります。

ISBN978-4-7745-1882-4 C0034